自在哲學

30個情緒與慾望的
心理啟示

張沛超　著

推薦序

有一種人，是可以學貫中西古今的，這種人，我們稱之為天才。張沛超，是內地心理諮詢界的天才。

有人是理性的天才，學識讓你佩服得五體投地，但近距離接觸他時，你會擔心他好像只活在頭腦和思想中；有人是感性的天才，他們對事物的感知力，以及在生活中的通透，讓你不由自主地喜歡他們，但他們好像不能把這些感性的素材，很好地編織到理性思維的世界中。

張沛超是我見過的、少有的理性與感性的天才，本來每個維度能稱為天才的人，已屬罕見，這兩個維度都可以稱為天才的人，就更難得了。

邀請張老師到我們平台開課時，我們曾商量，該如何定選題。談話中，他說的一句話很觸動我：「太多人有很好的社會功能，但他們自己很不舒服，因為他們的自體在蜷縮着。」

所謂「自體」，對應的英文即 self，可以直觀理解為自我，但翻譯成自體，指的是像生命體一般的自我，怎麼判斷一個人的自體是蜷縮着的？特別是怎麼判斷自己的自體是這樣？這個標準非常簡單，就是一個人是否自在。

張老師就是一個很自在的人，這也許是比他的學識更明亮的一種感覺。所以最終決定請張老師來講講，一個不夠自在的人，如何能活得自在一些。

這絕不是一個小議題，而是一個根本話題，張老師會圍繞着這個話題，從各個層面去展開論述。在這本書中，你會看到他那理性天才和感性天才的

味道，特別是他的那份自在，在他的講述中，會自然而然地流露出來。也許你也能感受到，這份自在，並不多見。

武志紅

資深心理諮詢師、心理學暢銷書作家

自序

你好，我是張沛超，是一名工作超過十年的心理諮詢師，我出生在河南，在武漢讀書和工作了 12 年，現於深圳獨立執業，在本書裏，我會和大家尋找活得自在的方法。

　　我一開始讀的是生物學，碩士讀的是心理學，碩士畢業後在一家心理醫院從事心理治療工作，後來又回母校武漢大學，讀了哲學專業的博士。博士畢業之後，我就到了深圳發展。作為一名諮詢師，我的來訪者由十歲到 66 歲都有。雖然是 80 後，但也算得上是經驗比較豐富的臨床諮詢師了，我的求學、諮詢經歷與此書所討論的內容是有關係的。

　　為甚麼要創作這本書呢？很多朋友經常問我：「如果我不能在你這裏接受諮詢，我應該如何通過你來幫助我自己呢？你看了那麼多有心理困擾的人，有沒有一些共通的想法，來讓我們有一個反向操作、避免困擾的機會？」首先是我的朋友對我有這樣的期待；其次，就是一些朋友的朋友，他們知道我專門做心理諮詢與治療，所以相比他們的朋友而言，我在這方面應該更有發言權。

　　這樣的想法已經持續很久，每次當我想回答他們的問題，我總是在想，普遍性的東西，我心裏是有的。你看到一個人或者很多人，他們用無數種方法作繭自縛，或者把自己的人生過得很糟，那麼我們就知道，如果沿着他們的路繼續往前走，肯定會不自在的，甚至會走到一條絕路上面去。

　　錯誤當中藏着很多智慧。如果我們有一個反向操作、引以為鑒的思路，

能夠避過這些錯誤和風險，我們的人生自然會漸入佳境，逐漸獲得一個自在的心境。

本書的中心思想是自在。我們知道，「自在」這個詞可大可小，一些高僧大德可以說獲得了大自在，這種大自在對於我們這些俗世生活的人而言，很多條件都是不具備的。我在這裏所講的是小自在的說法。

以往很多心理學和心理治療的重心，在自我上面放得有點過了頭。實際上，最終我們也變成了自我的奴隸。從自我到自在之間，有一條很長的路。我倒不是說自我不重要，很多時候我們在臨床上從事的就是一個修補自我、重新發展自我的過程，但我不認為它是終點。如果你把它視為終點的話，那麼這樣一條路有可能會變得很窄，甚至愈走愈窄。

所以我希望把這十多年來與青少年、中年人，甚至部分老年人的工作經驗，提煉出一個系統，這個系統就是以自在為核心，用自在來成就自我、克服自戀，幫助大家在各種各樣的生活景況比方職場、家庭、社會圈子裏，能夠適應得更好，而且不會有太大的內在衝突。

從這個角度來說，我覺得本書的適用人群非常廣，甚至所有人看了本書後，哪怕並沒有百分之百地應用，也會從中獲益。為甚麼呢？這本書是由我來寫，但其實我是我來訪者的「學生」，他們毫無保留地告訴我甚麼叫作使自己過得越來越不自在，甚麼叫作自我設限、自我設阻，甚麼叫作使自己成為某些看不見的力量的奴隸，他們有很多沾滿眼淚，甚至是鮮血的故事，我相信他們願意告訴我這些故事，或許在內心深處也傳遞一種想法：如果我在這些遭遇中得到甚麼的話，就是我在其中所獲得的智慧，我也希望別人能夠盡早從這些牢籠和陷阱裏走出來。

當一個人獲得自在，哪怕是小自在，也是非常受益的。自在的人會自然而然地使身邊的人自在起來。有些時候，大家在群體中，不知道怎麼就會引發一個過程：我們都把自己不自在的部分投到這個團體來，最終這個團體變得令人難以忍受。

　　其中一個比較典型的團體就是家庭。有時候，我們真的會讓家庭變成一個隨時可以傷人的東西。但是我的解決之道並不是簡單地離開這個家庭，因為獲得小自在的人也有在家庭當中自在的能力。

　　一些人在諮詢的時候會問我：「張老師，我究竟要不要離婚？我究竟要不要換工作？」很多時候我不會提出任何建議，因為這些想法背後包含了很多來訪者不知道的東西，他不知道，但是他受這些東西的影響，所以說，總的藥方只有一個──不斷地覺知。

　　說到覺知，你可能會想：我要覺知甚麼？覺知是一個很抽象的東西，在臨床的心理諮詢與治療當中，有很多可以促進覺知、深化覺知的技術。這些技術不僅僅適用於遭受嚴重心理困擾的人群，它對於正常人也可以作為心理保健的方法。我在本書中不光會提供一系列的新視角，也會提供一系列的工具，但願能夠使此書變成一門通往自在的自助課程。

　　當然，前提是我們想要自在，大家被這個詞所吸引，肯定是遭遇了一定程度的不自在，可能是一些青春期適應性的問題、一些職場方面的障礙，或者是婚姻和家庭當中的不愉快，又或是一些中年危機，這些問題背後可以用一個詞來形容──不自在。

　　我們要在世界跟周圍的人互動，就要做到知己知彼。很多時候我們「知己」的程度愈高，「知彼」就會變得越來越輕鬆。那麼，對於自己而言，所

要了解的東西是甚麼呢？就是我們的情緒系統和慾望系統。在臨床諮詢過程當中，我對情緒和慾望的系統做了一番梳理和總結，所以本書除了精神分析和人本主義心理學，也包含了我對中國傳統文化，比方說儒釋道的一些思考和實際的修習。

這些內容可以幫助我們學會：

如何通過認知自己的情緒，從而悅納自己的情緒；

從被我們的慾望所指使，到變成我們慾望的主人。

這樣一來，我們就在內外兩個方面有了自在的前提。

有了內外兩方面的前提後，如果我們還是遭遇了一些心理方面的困擾，我還會介紹一個模型來幫助大家。這個模型是我在臨床當中不斷總結所發現的，叫作「ABCRS 模型」。至於具體內容，我在這裏要先賣一個關子。

最後，就是我們對於自在要有一個良好的願望。我們需要在自己生活當中的每一天逐漸培植這樣的願望，無論在順境還是逆境當中，這都是非常重要的。當你內心有了對自在越來越強烈的追求，這個追求便會使心發生轉向。當你轉向自在的時候，你會發現你的心已經不一樣了。

希望大家和我一起走過這一段自在之旅吧！

目錄

一　苦與自在的心理哲學

二　準備獲得療癒：擁有一顆四轉向心

單元 ——
苦與自在的心理哲學

　　如果我們想持續地工作下去，那也就意味着我們肯定要有把不自在轉化成自在的能力，或者說能夠在不自在當中安在的能力。

1

過好一個你說了不算的人生

本 節 重 點

1. 即使我們的生活總被他人影響，但仍然有活出自在人生的可能性。

2. 一個人的想法、價值觀、應對生活的態度和風格，其實在他意識到之前，都已經在那兒了。

3. 路徑依賴效應，是指原來你的心受到一種影響，而有了一種選擇的傾向，後來的生活就會持續地加強這種傾向。

　　我不知道是哪個字眼吸引大家閱讀此書，是不是「自在」這個詞呢？我的職業是心理諮詢師，在這個職業裏已經工作了 12 個年頭，所以大家可以想象，在這過程中肯定遇到了很多不自在的人。

　　如果我們想持續地工作下去，那也就意味着我們肯定要有把不自在轉化成自在的能力，或者說能夠在不自在當中安在的能力。

敢算自在時刻

寫本書的目的，本來是要讓大家稍稍自在一點，如果我在一個很不自在的情況下講論，哪怕內容看起來有所幫助，依然會使人感到不自在，想到這些之後，我也就放寬了心。我覺得這個訣竅似乎已經找到了，那就是盡量在一個相對比較自在的情況下，把內心想說的話分享給各位，哪怕不能非常及時地收到讀者朋友的反饋，但是希望這會帶來一種反思式的對話。

我在機場的書店裏看到了武志紅老師的書，書名就叫作《擁有一個你說了算的人生》。坦白講，我第一個反應就是：「真的嗎？我覺得自己說了算這件事情，真的是太不容易了。」我的生活有多少是我自己說了算的？如果要確認一下，答案倒是挺嚇人的，你可能覺得是自己說了算，回頭仔細看看，那不一定喔，我們的腦裏充滿別人的想法，耳朵裏也充滿別人的聲音，心裏可能也裝了很多別人的情緒，如何叫我們自己說了算呢？於我而言，一個本能反應就是覺得自己說了不算。

第一，我覺得人生不是用「算」來解決問題的，當然有些人會比較迷信，想要把機關算盡，這樣可能會獲得一時的成功，由於我的來訪者也有很多成功人士，所以看過這樣的一種「算」，在他們人生的某些階段的確發揮了作用。「算」會給人甜頭，人們就覺得我要算，我不光要計算，我還要自己說了算。

第二，就是我們自己也不大經得起盤查，在心理諮詢與治療的立場上，一個人的想法、價值觀，一個人應對生活的態度和風格，很多時候在他意識到之前，或者在他想算一算之前，都已經存在了。

這種影響可以用路徑依賴效應來解釋：原來的時候，你的心受到一種影響，而有一種選擇的傾向，你後來的生活就會持續地加強這種傾向，在你能夠認識到它之前，其實這裏頭有一大筆賬，這個賬倒是真的應該好好算一算。

我的日常工作，說直白點，大概也是幫助別人算帳，算人的一些負資產。為甚麼他覺得不幸福、不自在？這是由於他有很多的負資產，有時一個人儘管賺了一些東西，但是需要填的坑是個「無底洞」，不管填多少，還是一無所有，所以他會持續地感到不自在、空虛，感覺自己並非生活的主人。

看蘇軾 看「大自在」

我們知道有一個詞叫「大自在」，一些得道高僧，當他們圓寂的時候就會有「得大自在」這種說法。大自在，實在是太難得了，那麼大自在能不能有一些弱化的版本呢？比方說小自在，我覺得小自在還是可以追求的。

每當我想起「自在」這個詞，有個人馬上就會浮現在我的腦海，他的名字叫蘇軾或叫蘇東坡。

我猜想他應該是得大自在了，無論是從儒家的角度，從佛學的角度，還是從道家的角度看，他很有可能都打通關了，這種境界不是我們算計就能到的，但是可以從這個人身上借鑒。

蘇軾人生的跌宕起伏程度足以使很多人想放棄生命，他最高的官職可說是副國級幹部，最低好像只到副科級，不僅如此，還被一貶再貶到惠州、海南。以前的惠州和海南，可不是今天這般好玩，在當時可以說是十生九死。

不論順逆 心境依然

在他的一生中，很多時候都是自己說了不算的。他很小的時候，父親就出來遊學了，他像是一個在早年就沒有父親的孩子，但是他得到了比較好的家庭教育和早期教育，然後去趕考，還考得相當不錯。

從「順」的角度來說，他的確受到很多賞識，有很多朋友；從「逆」的角度來說，他的政見可能會有政敵反對，甚至要取他的性命，所以，他的一生完全不能說自己說了算。但是他每到一個相對比較糟糕的處境時，都能找到「滋味」，如東坡肉的滋味，荔枝的滋味，生蠔的滋味，這些東西跟蘇軾都有關係，我最喜歡的一種茶壺叫石瓢，也是蘇軾發明的。

不管情況怎麼糟糕，他都有隨時隨地獲得小自在的能力，古往今來的聖賢，這一點我是最羨慕、最佩服的，非常慶幸世間居然有這樣一個人來到過，我們不能說這個人完美，也不需要他是完美，但是他在一生當中能隨處自在，這點很多人難以做到。

在此我非常誠摯地把我這位精神偶像介紹給各位，正是他給了我勇氣與大家分享自己的小自在體驗。當然，並不是要求一定要去看他的書，這可能會把自己弄得不自在，想追求自在，最後變得不自在；想自己說了算，到頭來有可能自己說的一點都不算——我們要提防這樣的陷阱。這句話既是我分享給各位的，也是說給自己聽的。

2

人生有哪三種苦？

1. 求而不得之苦，別人有的我沒有，我想得到。這樣的想法，形成一種心理欠缺。與他人比較，會知道自己原來有那麼多東西沒有得到過。這個時候就形成一種心理上的落差，這個落差也可以視為某種比較小的心理創傷。

2. 得而懼失之苦，自己的好東西，會想方設法留住，害怕失去。很多東西都岌岌可危，它們或早或晚會離開你。這個時候你對它們可能會與你分開的憂慮佔據你的生活。

3. 失而懷念之苦，與好的東西分離後，持久的思念會產生苦的感覺。對於喪失的東西，我們能夠比較好地「哀悼」，就可以與其保持一種持久的關係，一旦有這樣的關係，就可以克服喪失帶來的苦了。

　　我們先來談談「苦」這件事情，也就是酸甜苦辣的苦。為甚麼要談論這個話題呢？這與本書的總體定位是有關係的。

苦的「地方性」

我對這本書的定位是涼茶，涼茶在兩廣地區有很深厚的大眾基礎。雖然不一定是每個人每天都需要喝，但有些時候真的管用。我們講的自在，就像涼茶一樣。它不一定甜美，聞起來不一定芬芳，但是喝了之後可能會有一點點自在的效果。

由於我的家族是做中醫的，所以略通醫理，到了深圳這個地方，每到梅雨季節，身上就容易長一些疱，我給自己取一些中藥來吃，會有一點效果。但是後來我發現飲用本地的涼茶，效果非常明顯。一方水土養一方人，一個地方的人不安寧、不自在的現象，可能要通過本地的資源才能夠比較好地對症治療。

我是中國人，作為心理諮詢師，接見的來訪者大多都是中國人，所以對於中國人心理的理解相對比較深厚，心裏的難受，其實都是苦。就像涼茶不管怎樣調，它基底的味道一定是苦的。我們的內心世界，也有很多這種基底的苦，一般來說分成三大類。

求而不得的苦

第一種苦叫作沒得到的，就想要。大家想想，我們日常生活中有多少沒得到而想要的苦呢？我們現在想要的東西比以前複雜好多，只要一打開手機，別人是怎麼生活的，別人的吃穿用住都是甚麼，這些都在牽動我們的心，就連別人聽了甚麼課，最近有甚麼新鮮的課程，只要我沒有的，都會想要。這樣的「想要」，就形成一種心理的欠缺感。

有時候不是說你一覺得有甚麼欠缺，就馬上形成一種心理上的不自在，如果你過得不好，由於你也不知道別人的生活好在哪裏，那還比較好忍受。有些青年，他們上大學之後，到了大城市生活，比較下知道自己有那麼多東

西沒有得到過，就會形成一種心理上的巨大落差，這個落差也可以視為某種比較小的創傷。

我們追求很多東西，有時會誤以為這真的是我想要的，我想要成功嗎？在這個社會當中，成功有很多標籤，如果你沒有這些標籤，誰會認可你是一個成功的人呢？所以，所有的廣告都在告訴你：「你是不足的。你這個沒有，那個也沒有！如果你有了我這個產品，你將會感到怎樣怎樣。」

我們在無意識裏就會形成很多這樣的條件語句：「如果怎樣怎樣，我將怎樣怎樣。」這樣的語句，有時候像魔咒一樣，接管我們的頭腦，讓我們誤以為自己想要的人生真的是這個樣子。

「求而不得」四步曲

1. 看見別人擁有自己沒有的；
2. 社會不斷製造「不足＝失敗」，同時崇尚成功；
3. 想象自己擁有某些東西帶來的喜悅或滿足的畫面；
4. 在想象與現實的拉据下產生「苦」。

我在武漢求學的時候，大家的生活都差不多，所以不會感覺到成功一定要怎樣怎樣；到了深圳之後，貧富差距比武漢大很多，這時候就會想：如果我怎樣怎樣，我將怎樣怎樣；後來我接觸到很多來訪者，他們比我有錢得多。但是與這樣的來訪者工作一段時間後，我對於「如果很有錢，生活將怎樣怎樣」這想法鬆動了，即使很有錢，很有資源，他們在第一種苦──「求而不得」方面也不少於此時的你。

所以，我們內心可以算一算第一種苦：我想得到甚麼？如果我得到了，我將會怎樣？

得而懼失的苦

　　第二種苦是你已經得到了，但是你害怕失去，我不知道這句話是誰說過的，但我經常會引用，就是「你有的東西，它們也在『有』着你」。如果你有很多房產，你是要打理的，不能任由它們空着；如果你有很多錢，你要思考理財的問題；如果你有很多資源，你要想方設法去維護；如果你聰明、健康又美麗，那你一定不希望失去它們，你會有一種壓力，要使自己持續地聰明，不斷地學習，掌握聰明人的標籤，這樣的話，在別人眼裏才是一個不脫節的人；如果你健康，你一定要持續地保持健康，如果你有美貌，那你要小心了，很多人都在乎你的美貌，如果你不保持好它，那你在其他人心目中可能慢慢地貶值了。

　　所以你有的東西，你都會擔心失去它們，我們在青年時期並不這樣覺得，從青年到中年，尤其是在中年到老年的過渡期，就會感到很多東西都岌岌可危，它們或早或晚都會離開你，這個時候你對它們可能會與你分開的憂慮就會佔據你的生活，這是一種苦。

失而懷念的苦

第三種苦，我相信大家不難推理出，那就是已經失去了，但你有思念之苦，就像賣火柴的小女孩想起天堂的嫲嫲，這就是一種苦。講到這裏，人們可能會想到很多自己已經喪失了的東西。

儀式 / 哀悼

如果喪失的東西，我們能夠比較好地哀悼，是一個健康的心理行為。這裏的哀悼，不是日常術語中的哀悼，而是精神分析裏弗洛伊德特用的哀悼。如果你能夠比較好地哀悼，就可以與喪失的人或者物保持持久的關係，一旦有這樣的關係，就可以克服喪失帶來的苦。

但是，如果這個過程沒有正常發生，我們的生命就會被已經喪失的東西抓住，比方說抑鬱，抑鬱的人看起來沒有生命活力、死氣沉沉，甚至會有一些自殺的想法。從精神分析的角度來看，抑鬱可以說是與喪失的人發生了認同：我最美好的東西已經不在了，如何在想象當中繼續擁有這些東西呢？那就是我本人也要變得死氣沉沉，這樣的話，才能夠與已經喪失的人聯結。

這種病理學很深刻，我們心理上的煩惱、不安、不自在，仔細想一想，

這些苦會落到這三個範疇裏的：沒有的，想要；已經有的，怕丟；已經丟了的，想念。如果想獲得小自在，我們一定要認清這些苦。

精神分析的理論中，哀悼構成了成熟的核心標準。不能哀悼被視作憂鬱體驗和痛苦的核心。哀悼是分離和永別的過程，在這個過程中，我們可以療癒喪失感，簡單的形式是在心中對失去的人或物說：「謝謝你給我帶來這些深刻的體驗，現在我可以跟你說再見了。」哀悼被理解為一種創造性的關係過程，與「逝者」產生一種新的、愛的關係。生活中常見的祭祖，就是哀悼的一種表現形式。

3

四種遠離苦的方法

1. 離苦得樂。我們總是希望有盡可能直接的方法解決苦惱，這個思路不假，但裏頭有陷阱，最好了解清楚我們的苦惱是內在何種力量失衡的表現。

2. 苦中作樂，不是忍，它的前提是我們知道苦是一種信息的傳遞。各種不安有一種報信的作用，這有利於我們未雨綢繆，及時做出一些調整。

3. 以苦為樂，不是受虐。我們覺得負面情緒難受，無非是因為我們貪戀所謂的正面情緒。有些正面情緒不一定是自己真的喜歡，更像是一種從眾心理。

4. 不苦不樂是一種大自在的狀態。

你們看完上一節是不是感覺這涼茶可能藥力有點大，怎麼說來說去好像把人生說得這麼悲觀？大家不要擔心，哪怕世間有種種不自在，種種自己說了不算的事，我們還是有過好這一生的思路和方法的。

我們講完三種苦，這一節跟大家分享四種離苦之道。很好，方法比困難還要多出一種。

離苦得樂——了解苦惱何來

第一種，很好理解了，如果大家被我這本書所吸引，大致可以猜想可能是有一些不自在。想把這種不自在變成自在，那不就是離苦得樂嗎？

一般來說，找心理諮詢師的人，都有些這樣的想法：我要盡快離開這種煩惱的情緒、沒那麼開心的人際關係、令人感到壓抑的環境、生活當中的逆境，或者比較糟糕的家庭。內心當然是希望沒有這些困擾，所以離苦得樂或者離苦求樂，是一個很慣常的思維，沒有甚麼問題，大家都是這樣。如果發燒了，「燒」就是苦，如果退燒退得快，就很快樂了。我們都希望盡可能解決苦，這個思路本身並沒有問題，但是這裏頭有陷阱。

俗話說，「病急亂投醫」，很多時候一種精神或者心理上的痛苦，儘管在現代的精神醫學看起來是一種症狀、障礙，但是從傳統醫學的視角來看，那個症狀只是一種表現而已。如果，你不知道它是內在何種力量失衡的表現，而只是對症把這個苦解決，說不定會有其他麻煩。

比如臨床上會看到一些特殊恐懼症，有些來訪者本來覺得 A 恐怖，我們經過一番疏導、調節，他覺得 A 不恐怖了；過一陣子，他又覺得 B 恐怖，我們再把 B 解決；他有可能會覺得 C 恐怖，如果你只是想離苦得樂，這個苦可能會捲土重來。所以，重點還是要看看這樣的苦是不是在傳遞某種信息。如果信息沒有被正確理解，那真是一苦未平，一苦又起，很難感到自在。

苦中作樂——探索苦的啟示

於是我們有了第二種思路——苦中作樂。這時候你要鍛煉你的心智，讓它對苦有些耐受力。當我們說耐受力的時候，要注意我們並非鼓吹一種日常生活當中所提倡的忍耐、忍讓。「忍」字頭上一把刀，咬牙切齒的話，是難以苦中作樂的。

苦中作樂的前提是，我們知道這個苦是一種信息的傳遞，從這個意義上來説，它不是甚麼純粹的壞東西，這種不安有一種通風報信的作用，有利於我們未雨綢繆，及時做出一些調整，這就像是曝光率比較高的抑鬱症一樣。

抑鬱症就其症狀表現而言，是情緒低落、意志減退、思維遲緩，各種慾望都比較低，我們都不喜歡這種狀態；但是從另外一個角度講，這些症狀可以被總體概括為能量節省模式，就像你的手機一樣，如果電量儲備很低，它會自動啟動省電模式，很多智能的東西用不了或是性能降低，但是它可能會保障你在一個很糟的地方，比方說在無人區，能夠挺過來、撐過來。

所以抑鬱症狀也有進化上的積極意義。從進化心理學的角度來看，為甚麼要有這樣一個機能呢？這個機能也是自然選擇的結果，有它的好處和意義。一旦有了這樣的見地後，我們有了某些症狀，可能就沒那麼難受，因為我們知道這是提示，需要我們慢下來往內看看。這就是苦中作樂。

以苦為樂──不是自我欺騙的手段

再高級一點，是以苦為樂。這個以苦為樂，聽起來很受虐。

就像涼茶這種東西，你仔細地品一品，它是回甘的，很多藥材是苦中有甜，苦中有甘。我們人生所遇到的各種不自在、各種逆境，如果能夠品味它，就像蘇軾那樣，逆境也是一種風景，苦是一種味道，負面情緒只不過也是情

緒罷了。就像一束白色光分解成七色光，有些人喜歡紅色，討厭紫色，有些人可能正好相反。可是，你也不能把不喜歡的顏色從白光當中剔除出去。

我們之所以覺得負面情緒難受，無非是因為我們太貪戀所謂的正面情緒，「一定要很開心，一定要像打了雞血、喝了雞湯一樣」。有時候也不一定是你真的喜歡這樣，只不過是一種從眾心理罷了。賣雞湯的人肯定喜歡給你大勺餵湯，你自己的身體是不是一定要雞湯呢？不一定，你很有可能需要涼茶，好好品一品，我們的各種不自在裏頭也有它們的味道。

不苦不樂──世事都被你看透了

如果我們有幸，可能會從小自在邁向大自在，雖然我絕對沒有這個水平，但我內心對這是很羨慕並且嚮往。這種大自在就是第四種──不苦不樂。

這就是「一味」。世間的各種滋味本質上是一樣的，這倒並不是說我們的味覺變得很麻木，分不出甜和苦。我們甜和苦都能夠分出來，只是這種情況下，覺知水平比前邊三種都要高，我們不再特意區分甜和苦罷了。

很多時候心理諮詢也是幫助另外一個人覺知，一個人的覺知水平越來越高，他就能從周遭，還有他的內心品出很多種味道。

為甚麼又叫「一味」呢？因為這個時候我們沒去分別它們，不是每天都想着貼個標籤，比如說今天過得好開心，我明天一定要像今天這樣開心才行，我要保持它。如果貪戀這種狀態，也就進入了苦的循環，給自己找不自在了，不管每天怎樣，無論是好是壞，如果沒有那麼多分別心，壞的日子過起來就沒有那麼難熬，沒有那麼難熬的時候，離隨處自在也就不遠了。

我堅信人群當中有人的想法跟我是一樣的，最終還是會以這種不苦不樂、這種「一味」作為大自在的方向，希望我們這樣的緣分能夠持續下去。

4

受苦時的四種心態

1. 我們對於苦難和不如意，有四種心態：難受、忍受、接受、享受。

2. 被我們忍受的東西蓄積在內心，久而久之很可能會發展為身心疾病。

3. 接受和忍受的區別在於前者是一種不偏不倚的接納，心靈是敞開的，而後者仍舊是在不平等地看待事物。

4. 我們想過自在的人生，可以從接受開始，慢慢提高心態中享受的比例。

　　這一節討論一下受苦四藝，聽起來就像是受苦的四種藝術，「苦」和「藝術」，這兩個詞居然可以放在一起？

　　前文已經談到我們的生活當中有很多苦，在我們的日常現象當中，也有很多無處不在的苦。這種苦，當它接觸到我們心靈的時候，就像是一塊烙鐵烙在我們的肌膚上一樣。

難受——直視衝擊

第一步當然是難受，我不知道你們如何形容現在的心情，如果你在朋友圈裏觀察，會發現很多人好像都表達自己被生活所迫，這都是種種的難受。

我們的難受可能來自很多方面，比較直接就是情緒上的難受，感到不開心，要麼是有些緊迫的事情不得不處理，要麼是不得不處理的事情，一而再再而三地發生，當它們發生很多次的時候，就像是心理學上所講的「習得性無助」一樣，我們會感覺到有些鬱悶。

「習得性無助」是指因為經歷了重複的失敗或懲罰，形成一種對現實感到無望和無可奈何的行為、心理狀態。有習得性無助的人，在可以主動地避開不好事情的情況下，卻認為自己做不了甚麼而絕望地等待痛苦的來臨。

除了心理上明顯的不快之外，可能還會有一些孤獨感，如果生活當中沒有很親密的關係，那麼在工作之外就難以有很好的聯結，這樣帶來的孤獨，也是一種難受。儘管它不是特別銳利、劇烈，但是如果緩慢地累積起來，也會使我們的心靈感覺到沉重。

有時候我們的難受來自生活當中的其他人，我們現在很難做到像隱士般生活，所有名山大川全都在手機的信號網裏，你不管走到哪裏，大家都可以找到你，所以想獨善其身很困難。

在這樣的社會裏生活，我們總是和人發生着這樣或者那樣的關係，有些是垂直的關係，比如你可能會被你的父母所要求，被你的上司所要求。有時候你也不得不要求自己的孩子、晚輩，這樣像是上下線的關係，會帶來很多難受，因為理想的狀態就是我們不管別人的閒事，也不讓別人管我們的閒事，但是這一點實在太難做到了。即使我們不考慮垂直的，我們也要考慮水平的，在水平關係當中會有很多競爭、結盟、孤立、挑戰等來自人際關係的苦，也是一種難受。

忍受──迅速的反應

我們的心面對難受，最經常的反應就是忍受，為甚麼呢？我們都很清楚，難受的時候並不是都可以及時發洩出來，成年人的世界沒有想怎樣就怎樣這回事，所以很多時候我們都是忍受、忍耐。

這樣一種忍受，可能幫助我們減少了生活當中一些即時性麻煩，但是我們所忍受的情緒，不能表達出來的願望，在心理學上就像是未完成的事件一樣，蓄積在我們身心裏，久而久之，這些蓄積起來的情緒和願望，就可能由無形之邪變為有形之邪。

當我説「邪」的時候，是指一系列的身心疾病，很多病都是忍出來的，儘管存在着一些基因和感染方面的原因，但是我們過分忍受，的確削弱了我們進行正常防禦的能力，所以很多「好人」，這個好人在這裏要稍稍加一個引號，他們可能身體就沒有那麼好，或許他們對於苦就是一種逆來順受的態度，這樣的忍受，使他們生活中沒有甚麼活力，因為他們的能量用來進行「忍」這種要求很高的心理活動。

　　這些忍受的東西如果沒有被轉化，它們有可能就會轉變成一些身心疾病，所以到了忍受這個層次上，雖然我們不得不承認這是必需的，但是它還談不上是一種真的藝術。

接受──跨越忍受

　　接下來談一談接受，接受很有藝術性可言，雖然接受跟忍受從表面看起來似乎區別不大，一個人沒有發作，那他究竟是忍受着，還是他真的接受了？那是很不一樣的，我要強調的是：忍受就是忍受，接受就是接受。如果你只是忍受而沒有接受的話，遲早你會意識到這一點的。

　　當我們要接受某種東西的時候，這裏頭包含了一個過程，那就是我們知道要接受的是甚麼，這樣的接受代表着一種不偏不倚的接納，接納就像鏡子一樣，當放在鮮花前邊的時候，那它就映出鮮花的相，這種感覺可以說是接受，如果把它放在糞便前邊，鏡子也是原原本本地呈現出糞便的樣子，這就是接受。

接受代表着一種非常敞開的特質，沒有很多主觀上的評價；忍受代表着我們的內心對於所受的東西存在着分別。如果是很好的東西，一道美味的菜餚，我們不會想着要忍受着不品嘗它，一旦當我們的心是忍受狀態的時候，我們沒有留意，自己已經給「受」貼了一個標籤——這是壞的，所以我就要忍着。到了接受這個層面，更多的是一種平等的心態。

享受——心的最高視野

如果能夠逐漸訓練自己的心，逐漸變成接受、接納，甚至悅納的態度，我們慢慢就進入「享受」的階段了。我們的心需要糧食，它的糧食是甚麼呢？就是各種各樣的情緒。我們傾向於一些比較好的、輕鬆的、正向的、愉悅的、積極的情緒，這些可能更多是享受，那些負面的、消極的、看起來異常的情緒，我們如何享受它們呢？

這些所謂的負面情緒跟剛剛所說的正面情緒一樣，都是心靈的糧食，只不過這種糧食的味道初品起來沒有那麼美味。之所以沒有那麼美味，可能是因為我們已經在認知上給它加了一個標籤，由於這個標籤，我們產生了迴避行為，這樣的迴避行為形成一個循環，又被我們詮釋為這個東西真的不好，如此一來，我們就無法享受這些看起來壞的東西，比如負面的情緒。在這裏要稍稍談一下，當我們此處談享受，尤其是享受那些沒那麼好的情緒，一些苦的情緒的時候，這一部分要跟受虐的心態區分開來。

受虐心態的形成很複雜，在受虐裏頭，人真的是把負面的情緒當成好的，被大家通常所理解的好情緒可能在他這裏就不是好的，甚至是壞的。這裏頭一樣有不平等，在不平等的心上，還有一些倒錯的觀念。這種觀念並不是真的享受，在接受的前提下才會享受。

受虐心態的循環

受虐心態中的人，並沒有悅納「好」和「壞」，沒有對它們抱着開放、歡迎的態度，仍舊是把「好」跟「壞」視作對立的、不和諧的，也就是此處說的不平等。另外，倒錯是指那些受虐心態中的人，把「壞」當成「好」來看待，異於常態。

自在教室：
細數苦的成分

拿出一張紙，列出下面這三類事物，看看自己究竟有甚麼「苦」。只要開始做這樣的練習，沒準就能夠獲得一點點自在了，希望大家借這個機會看看，我們內心的不自在，究竟有哪些？

沒有但想要的	有了怕失去的	已經失去 但一直懷念的

希望大家逐漸能夠獲得享受的能力、提升享受的比例，這不是一件容易的事情。你可以取出一張紙，把你的難受、忍受、接受、享受畫成一個四欄表。比方說今天即將結束了，使我難受的是哪些？我忍受的是哪些？哪一部分我在接受，或者是我在嘗試接受？我享受了甚麼？

	難受	忍受	接受	享受
事件	今天使我難受的是甚麼？	今天我忍受了甚麼？	今天哪一部分我在接受，或者是我在嘗試接受？	今天我享受了甚麼？
在一天中的佔比例				

　　當我們把今天的所思所感都填到四欄表之後，接下來可以再動手把它變成一張圓形圖，如果這四種各佔 25%，這個餅圖就很好畫，那就是一個四等分的圓，但可能不是這樣的，不管怎樣，我們可以畫出今天面對苦的時候四種態度，並且給它標記上日期，與上面的四欄表放在一起。到明天傍晚，可以重複這個訓練。

　　過一段時間，我們把這些圖表累積起來，仔細研究，可能會發現，我們的心靈其實在慢慢地轉化，或許難受的比例有所降低，接受的比例有所升高；或許一開始完全沒有享受這件事情，過了一個月之後，可能有些事情是可以享受，這可是一種了不得的藝術。

　　如何獲得自在？我們可以提高自己接受和享受的比例，可能接受就是一個小自在的特徵，到了享受就是大自在的特徵了，所有的大自在也是由很多小自在累積起來的。希望大家會喜歡並堅持這個練習。

單元 二

準備獲得療癒：
擁有一顆四轉向心

　　很多時候症狀都像信使一樣，它來提醒我們要使心發生轉向，哪怕是朝着小自在，而不僅是讓這個問題消失，或者讓這個症狀消除。

5

四轉向心總論：
你真正想要的是甚麼？

本 節 重 點

1. 你的心真正想要甚麼，你整個人的狀態都會與之相符合。

2. 一個人可能受苦的束縛和影響，但是他內心無比渴求自在。由於他的心
   發生轉向的緣故，他已經走在自在的路上了。

3. 追求自我像是在追求「我說了算」，追求自在像是「我說了不一定算，
   但是這並不影響我存在的整體質量」。二者並不矛盾。

4. 很多時候我們的症狀就像信使一樣，它提醒我們要使心發生轉向，看看
   自己真正想要的是甚麼。

　　接下來的內容主要討論四轉向心的問題，這是我從臨床工作當中總結出
來的，除了在自己的工作坊和系統培訓上，並沒有公開發表過，我之所以要
把這個概念放在本書的前半部，是因為對我而言它實在太重要了，所以我也
希望大家能夠盡早知道這個理論。

我們的心有很多種狀態，無論是明是暗，它都朝着某個目標。朝着某個目標的時候，我們就可以說這處於心的某種轉向。如果你很想有錢，那你的心就轉向錢；如果你非常渴望平靜，那麼你的心就轉向一個平靜的狀態。如果你的心轉向着有錢，哪怕你現在不是很有錢，這樣的狀態也跟另外一種心的狀態有本質的不一樣。其他心的狀態，比如想要平靜，那麼即使現在心還不平靜，但由於有了這種轉向，跟剛剛那種想急着變有錢的心是不一樣的。

心在那裏，人就在那裏

我大約從十年前開始思考自在的問題。有些人的心不想自在，在這種情況下，哪怕他在精神醫學的標準看起來完全健康正常，我們也可以說他並沒有處於一個自在的狀態，因為他的心不朝向自在；如果有另外一個人，他可能受着身心的多重負擔，或者說受苦的束縛和影響，但是他內心無比渴求自在，這個人由於他的心轉向的緣故，已經自在了。他即使沒有完全擁有它、佔據它，但是由於心的轉向，他獲得了自在。

要達到自在，先要有以自在為目標的心境。

就像是一群人在一個房間裏，他們的手機都連着不一樣的 Wi-Fi，連接 Wi-Fi A 的人，他們就可以說是轉向 A 的一群人，連接 Wi-Fi B 的就是轉向 B，儘管外在看起來，這些人似乎沒有甚麼區別。

我自己的體會是甚麼呢？一個人哪怕受了很多苦，有很多不自在，但是只要他內心渴望自在，把自在當成追求的目標，就我本人的臨床工作而言，那些價值觀跟諮詢師比較一致的來訪者，療癒起來障礙會比較小。還有一些來訪者，可能病得並不重，但是他追求的目標不是自在而是自我，就會有一些困難。

自在與自我

這兩條路是不是一定矛盾的？也不一定，你或許會想追求一個比較強大的、比較有能量的自我，但是你的目標也許不是以自我為定位的，這個自我就像是你用來做運動的身體一樣，你很好地照料它，鍛煉它，但最終你不是為了擁有一個健康的身體，而是要去更高的地方。

我覺得這本身就是一條路，哪怕你在追求自我，但這條路的終點是自在，也可以說你本身就走在自在這條路上了，所以在臨床諮詢工作當中，我非常注意這一點，看他們的心轉向的目標是甚麼，他們是否希望「讓我趕緊

我在整個臨床的思考過程中，想的都是如何從自我到自在的問題，自我就是我說了算；自在的話是我說了不一定算，但這並不影響我們存在的整體質量。

不要受症狀影響，趕緊告訴我如何能夠快一點睡着，或者告訴我究竟要不要離職，要不要離婚」。

　　處於這樣的心態的話，我要看一看能不能使他的心轉向到：「我生活當中出現這樣的問題，沒準它是提示我應該稍稍調整一下人生的大目標。」很多時候症狀都像信使一樣，它來提醒我們要使心發生轉向，哪怕是朝着小自在，而不僅是讓這個問題消失，或者讓這個症狀消除。

　　這樣的理念，如果能夠在來訪者那裏獲得共鳴，諮詢工作就會變得從容一點。這跟各位讀者有甚麼樣的關係呢？道理是一樣的，你並不需要看完這本書後去做心理諮詢，只要你覺得追求自在是你的一種可能性，是你心的一種可能性。我想可能性本身就很重要了。

6

從未來轉向過去：
你過去到底發生了甚麼？

本 節 重 點

1. 我們總是由於未來的某種情形可能會形成挑戰，會威脅到我們，才去尋求幫助。

2. 精神分析學派的興趣集中在過去。過去儘管被稱為過去，事實上沒有成功地過去。一些過去的模式，總是在不斷成為新的當下。

3. 我們當下和未來的問題，都是被過去所塑造。心病所需的心藥，也儲存在過去。

　　這次跟大家分享四轉向心的第一轉向，從未來轉向過去。

　　儘管我不知道大家看這本書的動機，但是我會設想，或許你們的生活出現了一些小困擾；也可能沒有明確的困擾，但你們對未來的生活有一些打算。正是由於我們的心是向着未來的，所以當下的選擇才會有目的性和目標性。

重看時間線

　　這一部分在諮詢工作中看得比較清楚。來訪者到諮詢室之前，他維持這樣的情況已經很久了，為甚麼在這個時候來？

　　比方說一個年輕人，將要結婚的時候，他才會來。除去這個事件之外，他生活裏的其他部分一直都是這個樣子。還有一些情況是將要為人父母的時候，他會來，除這個因素之外，他生活的其他部分，包含他的童年、過去、原生家庭並沒有發生變化，之所以到諮詢室來，一般都是由於未來將要發生點甚麼才來，但來訪者們不見得能意識到這點。即將發生的這些可能性，對當事人形成了某種挑戰，或者說得更嚴肅一點，形成了某種威脅。

　　好端端的，他完全可以維持內在的系統在比較穩定的狀態，如果沒有外力去驅使他進行調整的話，他可以這樣一直過下去，由於未來的某種情形可能會形成挑戰，而這威脅到他，他才會來尋求幫助。

　　有些人，他的困擾很明顯——我究竟要不要離職？我究竟要不要離婚？我該選擇怎樣的生活？如果別人怎樣怎樣了，我應該如何應對？一般來說都是被未來種種可能性所影響。

　　很多來訪者都希望諮詢師能提供幫助，那麼未來就不會出現這種具有挑戰性的情形了。也就是說在這種情況下，解決方法就是「我希望通過你的幫助，讓未來那種壞的可能性不再出現」。

　　但是你想問問來訪者的過去時，他還會感覺到不耐煩。有些是本能的不耐煩——「過去的事情我不想談」。他知道過去的事情有些沒那麼好，可能有些羞恥感，或者是一些創傷性的經歷，還有些來訪者，他對於過去沒有甚麼看法，好像所有事情都沒甚麼特殊意義，如果諮詢師對這一部分感到好

奇，反倒會使來訪者覺得奇怪：我問的事情明明是我應該怎樣做，你管我以前的事情做甚麼？再說了，以前的事情都過去了。這樣的來訪者我們就要看一看，能不能使他的心從未來轉向到他的過去。

很多來心理諮詢的人都看重將來，但諮詢師比較着緊的是了解對象的過去。

過去還未過去

心理諮詢有很多流派，不同流派的關注點都不一樣，有些側重於解決問題，這樣的流派可能關注點在未來，或者是包含當下，但指向未來。也有一些流派，他們認為過去的事情都是通過當下的經驗來發揮作用，所以應該努力拓展此時此地的經驗。

唯獨精神分析、精神動力學派，它的興趣非常集中在過去，在精神分析流派所累積的案例裏，你能夠看到過去就算被稱為過去，事實上沒有成功地過去。一些過去的模式，總是不斷成為新的當下。

一些人在某個關係裏，他先是享受，接下來變成忍受，接下來到不能忍受，然後怎麼辦？這個關係就會破裂。「再換一個嘛，地球這麼多人。」當

他換一個人的時候，可能會覺得這是一個全新的人。你看，這個人跟前邊那位也不一樣，但是在這段關係裏，可能沒過多久，他又會產生某種從忍受到難受，然後到不能接受的感覺。這個循環就會再度發生。他可能並沒有意識到，這兩位伴侶，或者是男女朋友，跟這位當事人過去的一個很重要的人非常相像。

大家不要機械地去理解這種相像。有時候看起來雖然不相像，甚至是完全相反，但正是這樣的一種相反，印證了當事人把這個曾經很重要的人記得一清二楚，要不然怎麼可能找到完全相反呢？

所以從精神分析、精神動力學的視角來看，我們當下的很多問題，或者說我們以為只是未來的問題，他們都是被過去所塑造的。我們在這裏講塑造而不是決定。

以過去分析未來

有一些人，他們閱讀了一些讀物之後，深深地感覺到自己被過去決定了，如果他覺得是這樣的話，可以問他一個問題：「你找到我來尋求幫助，也被過去完全決定了嗎？甚至是你看我的書，是不是也被你的過去完全決定了呢？」這往往會帶來一些反思。我們不是在提倡一種非常機械的決定論，而是希望我們不要對過去懷着一種否認或者漠視的態度。

在心理學上，有一點是近乎常識的：我們預測某個人做某件事，最好的預測因素，就是看他有沒有做過這樣的事，一個非常直接的例子，去評估一

位當事人的自殺風險，甚麼因子最能夠預測他會自殺呢？那就是他過去真的行動過，哪怕是準備行動，這也會成為高危因素。

我們的過去的確不容忽視，但是大家都沒有太大興趣來翻這些「垃圾堆、檔案袋」。過去就像一筆很沉重的負擔，除了和我一樣的諮詢師、治療師天天幫助人理解他的過去，整合他的過去，一般人通常都不太會去想它。

通過一些閱讀，我們知道了病根往往潛藏在過去，但是經常會忽略另一個側面：心病所需要的心藥，也儲存在過去，那些資源，並不是因為當事人遇到了一個很好的諮詢師，很多時候，諮詢師都在幫助來訪者在自己的過去裏尋找解藥。

那就使得我們把目光從「我要做甚麼，快點告訴我應該做甚麼」這樣的心態轉向到「我要看一看，我過去發生了甚麼」。

我當下的麻煩，對我而言重複了甚麼？意味着甚麼？這是非常重要的思考，是不容易訓練的人生態度，但又非常重要。

7

從外界轉向自己：
你真的關心過自己嗎？

本節重點

1. 如果一切運行良好，我們一般不會意識到自己的身體和心靈的存在。意識到了身心的存在，往往是出了甚麼問題的時候。

2. 心病的確是一個讓我們去關心自己的契機。

3. 心理學術語「投射」，就是我們把內心某些東西投射到外邊去，把自己的想法當作是別人的想法。

4. 心理學術語「阻抗」，就是我們內心受到了某種刺激和威脅，便不再配合他人的幫助。它是發生在潛意識或者無意識裏的。

四轉向心的第二種叫作從外界轉向自己。

一般來說，我們不大留意自己內心的各種活動。在一切都運轉得良好的情況下，比如我們能夠非常自如地運用自己的四肢，可以跑來跑去的時候，通常不會留意到自己有條胳膊，有根手指，有條腿，對不對？門鈴一響，你知道速遞到了，然後不假思索地走到門邊，不會太注意到自己有條腿這回事。

心痛讓你看見問題

我們的心也是這樣的。如果它運行得大致良好，我們就不太能夠留意到它的存在，注意力的焦點都放在外部世界。這個生意好不好做？那場電影甚麼時候去看？這本暢銷書我有沒有下單？我們有很多諸如此類的問題。

身心一切運行良好時，我們的心就像是鳥飛翔在天空，或者是魚暢游在大海，我們不會意識到有心這回事。

甚麼時候我們會留意到有心這回事呢？比方說你在沙發上蹺腳，可能是在看手機或者聊天。時間久了，你腿可能會發麻。但是這個時候你還沒有動，所以你不覺得自己的腿不對勁，如果這時門鈴響了，速遞來了，你要去接快遞，你把腿放下來，就會很清楚地知道你有一條腿了。麻的是左腿，你就能夠意識到你有一條左腿；麻的是右腿，你就知道你有一條右腿；如果兩條都麻，你終於知道走路是件很複雜的事情。

我們的各種心病，如果說有好處的話，那就是逼着我們不得不把自己的視角從外界轉向到內心。

我們的心也是這樣，當它出問題的時候，你就意識到它的存在，尤其是當它礙你事的時候。你明明想升職，但是你一旦面對老闆，心裏頭就像一下子釋放了很多恐懼一樣，讓你遠遠看見老闆的時候掉頭就跑。這樣的話，你就知道某個東西不聽你的話。你就知道，「這個東西的確存在，它也不是完全聽我的，雖然它跟我有這樣的關係」。

病讓人正視內在

說到我們的心病，這裏的「病」要稍稍放寬一點理解，不一定是診斷標準上的精神心理障礙，比如你很孤獨，儘管你不是孤獨症，也有深刻的孤獨體驗，這個體驗會使得你對外界的興趣變少。很多時候你都像背着沉重的負擔，沉重的負擔就是你內心的這種感受。

看起來，心病的確是一個關心的契機。正像我們在前文討論過，這個苦可能是尋求自在的契機，雖然情況沒那麼好，但是我們總能夠從中發現甚麼，轉化甚麼。

我們有沒有心病這回事，不是自己說了算的，有很多人都寧願自己有身體疾病，也不願意自己有心理疾病。因為身體的苦，要傳遞到心裏才是真的苦。身體的苦讓你意識到你有身，心裏的苦讓你意識到自己有心。

心病具有使心轉向內在的可能性，但這不合乎我們的天性。我們心的天性就是攀緣，所以一般來說，除非你經歷了一種專門觀察心的訓練，否則一般來說我們不會主動這樣做。

哪怕我們的心被某種感覺所佔據而變得沉重，變得苦，我們的本能反應還是：「我不要看它！我要在心之外尋找心病的答案！我要看一看，是誰把我弄得這麼不開心。我要麼搞定他，要麼逃離他。」這樣的話，我們又重新

在心之外去尋求解決之道了。

這種情形是很多人都會有的反應：「不是我憤怒，而是你為甚麼對我這麼生氣？」這在心理學術語中叫作投射，即把內心的某些東西投射到外邊去，把自己的想法當作別人的想法。心就像是一個電影的放映機，上面有憤怒這張片子。結果燈一開，憤怒的影子就投到了銀幕上了，如此一來這憤怒就似乎不再是「我」（放映機）有，而是「你」（銀幕）有。

把重心轉回內心

我們本能都是去外在世界尋找答案，或者是歸因於外界，歸因於外界比較方便，因為外界是很容易看得到的，比如我出身不好、我的家庭不好、我的公司不好，或者我的風水不好。這些都有助於使我們把內心的不好，神奇般地搬運到外界。

在臨床工作當中，來訪者大多數情況下不會認為這是自己的心理問題。有些人口口聲聲說：「我需要往內看一看，你幫一幫我，我真的需要在內在世界裏好好尋找一下答案。」你不要信以為真。當你試圖做一些詮釋，把他某些外在的表現聯結到他的內心的時候，對方可能會有很激烈的反應，甚至可能就不來諮詢了。

儘管他會有一些聽起來蠻合理的原因，但他內心感覺到某種刺激和威脅。這種現象在心理學上叫作阻抗或抵抗。通常情況下，這樣的抵抗是發生在潛意識或者無意識裏的，也就是說對方並不是故意策劃了這件事情。

我們要讓一個人的目光轉向自己的心，不要只是把問題歸結於外界，或者在外界尋找問題的解決方案。通常而言，這樣的過程不可能很順利，這是由我們心的本性決定的，如果心的本性就是喜歡觀察自身，那根本就沒有必

要提這樣一個心的轉化了。當我們提到把心從外界轉向心的時候，往往要注意它不是一兩次就能完成，可能需要很多次。慢慢地，這樣一種轉化會使來訪者，或生活當中的人，慢慢熟悉自己的心。

發現「心」的轉向過程

1. 知道自己有「心」這回事；
2. 知道自己的心很複雜；
3. 在自己的心裏找到問題的答案，或者説這件事情的真相；
4. 一旦嘗到甜頭，可能就會自發地去完成這樣一個轉向，對自己的內心越來越感興趣，每天的生活都成了一個觀察心的透鏡。

我們的生活就是我們的心所化現出來的，一旦你對這一點越來越確定，你就會忍不住想看一看，心裏頭除了我已經看到的部分之外，還有哪些我不知道的？我甚至要在它還沒有變成我生活的一部分之前，先去了解它。這樣一來，心的轉向就變得沒那麼困難。一開始要轉的時候可能很困難，但是只要你不放棄，慢慢地轉，這樣一來最終也會很輕鬆。

這本書所談的就是要完成這樣的一個轉變，哪怕不去思考看完這一節之後一定要做甚麼，把這一節多看幾遍，這個轉向或許每次都在發生。

8

從行動轉向好奇：
你是不是在輕舉妄動？

本節重點

1. 傳統文化主張一種生機勃勃的動，反對妄動。

2. 比較愚蠢的好奇，就像是一個人非要盡快了解一件事情的經過、原因、
   解決方案，沒有考慮心的因素，眼睛全都在看外面，全都在尋求及時的
   解決方案，都在行動上。

3. 溫和的好奇，是對自我內心的探尋，去察覺為甚麼自己的心會有這麼奇
   怪的感受，理解自己的心裏發生了甚麼。

　　我們接下來談一談四轉向心的第三種，由行動轉向好奇。

　　我們這個時代，總體而言鼓勵各種各樣的行動，以至於如果說一個人沒
有甚麼行動力，通常是一種貶義。這個時代比較主張「去做，做了再說，趕
緊做，只管做，做了就好，做得好」，充滿了這樣的聲音。

　　在你的身邊，大多數人應該都不會在外顯層面上提倡過沉思的生活。這
樣的生活被認為是過時的、自閉的，更甚者會覺得這可能是有病的生活。

行動與妄動

我們現在都在講，這個人有沒有行動力？會不會抓住機會？在深圳有個口號叫「時間就是生命，時間就是金錢，效率就是生命」。既然時間這麼重要，如果還把時間用在東想西想的話，以深圳群體看來，這就是一種病了。

在區分好的行動與壞的行動之前，行動本身已經包含了一種讚譽。我們說一個人很有行動力，通常不會是指這個人魯莽，在這種時代背景下，「不要有那麼多行動好不好？」「不要有那麼急的行動，好不好？」等聲音就不大容易被人聽到、聽得進去了。

我在這裏分享四轉向心的知識，尤其是第三轉向——從行動轉向好奇，目的不是希望大家接下來甚麼都不做，只管好奇就得了，不是這樣子的，在傳統文化當中，其實是主張運動的。主張動，主張一種生機勃勃的動，但是反對妄動。

我的打印機出了問題，按理來說，完全可以等第二天再好好看。但是不知怎麼，我覺得今天應該把它修好，在這種「要趕緊把它修好去睡覺」的心態下，很容易會用力過猛。結果我努力地把墨盒往外一拉，嘿！卡住了，推也推不進去，拉也拉不出來，工具也派不上用場，因為我不知裏面的結構是甚麼。

我靜靜地思考，剛剛是不是有些妄動，理智層面上我知道沒有必要這樣急，由於我經常進行心的訓練，我就想一想，這就是好奇：為甚麼我今天是這個樣子？為甚麼我用力會這麼猛？

今天是有一些焦慮的，這種焦慮顯示出今天有好多事情都沒有定下來。沒有定下來的感覺在心裏積着，我們的心不喜歡蓄積未完成的事，在這種心

態下會產生這樣的想念：別的事情控制不了，這個打印機我還換不了墨盒嗎？白天其他的事情我沒有辦法行動，至少對付這個打印機還是有辦法的，大不了換一個。

當我審視內心這個過程，就理解我的行為了，雖然打印機目前張着嘴，看起來有點醜陋，但是當我由於好奇，發現內心的焦慮後，倒有一些喜悅和清涼，這個打印機已經壞掉了，當我的心轉向一種妄動的時候，它處於非常多的不安裏。當我的心從這樣的狀態轉向對它自身的好奇時，至少在這幾分鐘裏就已經獲得了一個小小的自在：這打印機怎樣運行，不是我說了算的。我也不能神奇地讓它好起來，不管我的想法有多麼強烈。

因好奇而行動

我們儘管是大人，也有很多孩子的心態，或者說幼兒的心態，甚至嬰兒的心態，我的大女兒三歲的時候，我們帶她去花園玩，有一棵果樹上結了果子，她看起來對果子有一些興趣，她用手指頭指着這個果子說：「我要你們掉下來。」當然它沒有掉下來，然後她又把那句話重複了幾遍，果子都沒有掉下來。 然後她說：「那好吧，我命令你們待在樹上。」如此一來天下太平了。

我看到這個現象也感到好奇，人在以自我為中心的時候，就是小孩子的心態。談到好奇，也就是對這些不一樣的東西感到有興趣。如果你對於不一樣的東西是憎恨的，或者是漠不關心的，那就不是好奇。

也有一種比較愚蠢的好奇，就像是我非要知道這打印機怎麼了，就想盡快了解一件事情的經過、原因、解決方案。這樣的好奇，由於沒有考慮心的因素，眼睛全都在看外邊，全都在尋求及時的解決方案，都在行動上。這樣的好奇可以說是比較愚蠢的。

與之相對應的，可能就是溫和的好奇。

這個好奇倒不是說要知道這件事情是怎樣，以採取行動，這類好奇本質上還是行動，也不是真正的好奇。那甚麼是溫和的好奇呢？就像我剛剛舉的例子一樣，我不再關心打印機了，這個打印機無論甚麼樣的結果我都承受得了。但是我要看一看，為甚麼我的心剛剛會有這樣奇怪的舉動。

轉向帶來的改變

我想理解我的心裏發生了甚麼，這個從行動轉至好奇的轉向，與前邊的「從未來轉向過去」、「從外界轉向自己」是相關的，一轉俱轉。就像我在思考我白天怎麼了，白天我有很多事情懸而未決，無法行動，所以好不容易碰到一個有行動可能性的事情，我就非動不可。

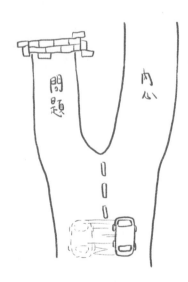

這樣的心的轉向有利於形成一個正向的循環，使得我們前面所提的那兩種心的轉向變得更穩定，就好比你更能夠像一個熟手操作方向盤一樣，使得你的心比較穩定地待在朝向過去、自心的位置上。

從外界轉向自己，打印機是打印機，它不會專門來氣我，也不會來專門礙我的事，我沒有必要對一個打印機大動肝火。重點是我的心裏發生了甚麼，使我如此不客氣地對待這台機器。在這短短幾分鐘內，就有心的三個轉向不同程度地發生了。

這樣的一種好奇，有助我們在過去安然地待着，而不是一難受，就馬上要逃出去，也有助於我們了解自己，自己今天有些奇怪，我不是因為這樣的奇怪就對自己生氣，對自己很生氣，本身也是一種行動，而且是一種妄動。

當來訪者的內心逐漸有了這樣的狀態，進行探索性的工作才會變得輕鬆一點。一個在日常生活中的人，如果能夠逐漸在內心生起這些轉向，不見得立即能夠改變他周遭的狀況，但是他將會不斷地了解自心、從自己的內心和過去裏既找問題，也找答案，這是一個過程，如果是有了這樣的過程再去行動的話，就不太會有妄動的危險了。

9

從實體轉向緣起：
你為甚麼常常感到痛苦？

本 節 重 點

1. 生理上的疾病從實體的角度來看叫作症狀。症狀就是原來沒有的東西現在有了。這樣的角度有道理，但有其局限性。心理上的痛苦、疾病和障礙，並不完全是一種生物性的東西，我們需要從一個更複雜、更系統的角度去思考它們。

2. 家族、家庭的問題往往會延續。有些家族好像每一代都會出現某一種問題，而且這還不一定是由於生物學上的基因所引起的。

3. 心理症狀植根於我們的人生體驗。我們的人生體驗深深地鑲嵌在我們的原生家庭以及家族的整體體驗裏。這個家庭和家族，也不是孤立的。它總是存在於特定的時代、特定的文化背景裏。

　　這一節主要講四轉向心的最後一個轉向——從實體轉向緣起。這樣的一個名字聽起來挺玄的，這跟我們自不自在有甚麼關係呢？跟我們的情緒、我們的家庭有甚麼關係呢？

心痛的獨特性

從臨床上的例子上，當一個人來到諮詢室的時候，一般都會認為自己像有某種生理的疾病一樣。生理上的疾病從實體的角度來看叫作症狀。症狀是原來沒有的東西現在有了，有了之後就是病。如果我們能夠把這個症狀祛除，這個病就治好了。

心理諮詢與治療很大程度上受醫學模型的影響，尤其是受現代西方醫學模型的影響，於是就會把我們這種心理上的痛苦、障礙或某些更嚴重的症狀理解為一種實體，好像是某個瘤子一樣，需要把它拿掉、搞定。

這樣的角度有一定道理，但它是有局限的。我們不應該把這種心理上的痛苦、疾病和障礙，完全視為一種生物性的東西，而是需要從一個更複雜的、系統的角度去思考。

心理的痛苦和障礙，你會覺得這是一個症狀。那麼：

1. 這個症狀是甚麼時候出現的？
2. 它在甚麼樣的情況下出現？
3. 在出現之前你的生活裏發生了甚麼？
4. 當它出現之後，給你的生活帶來了甚麼？

如果你深究一個症狀，你會發現它處於一個很複雜的系統裏。

有時候，如果把個人的症狀放在家庭乃至家族系統當中，你會發現更有意思的現象。有些家族好像每一代都會出現某一種問題，而且還不一定是由基因所引起的，好像這個家族中就發生了一種對於症狀的認同作用。

還有一些是一家三口或者一家四口，一開始是孩子有問題，於是在諮詢師或者醫生這裏，幫孩子做個別的諮詢或治療。孩子的症狀看起來消失了，接下來怎樣呢？接下來媽媽要出問題了，出的問題跟孩子的相關。如果我們再去處理媽媽的問題，它可能被成功地處理掉，搞定了，這個時候可能爸爸就會出問題。這就像是打地鼠的遊戲一樣。這個症狀不是一個孤立存在的實體，它背後有很多很複雜的背景、原因、脈絡、線索以及更複雜的緣起。

尋找痛苦的根源

有關緣起的理論，如果攤開來說，就要變成一部博士論文了。這顯然不是本書的重點。重點是我們要完成一個心的轉向，把你身上這樣的毛病或者說痛苦，轉到更深厚的背景那方面去。

通常而言我們不大容易這樣想。當你發燒了，你當然希望盡快退燒，並不會去研究這個「燒」是怎麼一回事。當然了，如果你一直發燒，醫生可能就會發生「心的轉向」，認為你發燒可能是更複雜的問題的一個表現。

我想說的是，我們心理上的這些痛苦、障礙，幾乎不可能是孤立存在的實體。中國人來理解這一點，不是特別困難。因為傳統中國人的世界觀，並不是從實體的角度來思考這個世界的。我們通常是從「氣」這概念來思考的。

但是實體在西方是一種非常基礎性的思想。這個可以從古希臘的哲學家一直談到當代。西方醫學之所以是這個樣子，它背後的緣起有西方人的世界觀在裏面的。這的確是理解人類精神和心理痛苦障礙的一個視角，也有緣起的視角。

你可以想一下，如果我們的心沒有發生從未來到過去的轉向，沒有從外界轉向自己、從行動轉向好奇，我們很容易就會把自己遭遇的麻煩實體化，

欲除之而後快。最好有一顆神奇藥丸，吃了之後煩惱能神奇地消失，就像一個完美的手術，徹底摘除病灶，但其實不是這樣的。

在臨床工作當中，一個來訪者如果來做個人分析，往往到了一定的階段，他的個人分析會很自然地變成他的家庭、家族的分析，也就是常常會回到他的原生家庭和家族那裏去。這樣一種家庭、家族的分析，如果我們對它持續好奇的話，它在最後會變成一種對文化的好奇、反思和重新的理解。

然後，我們就會知道自己的心理症狀，植根於我們的人生體驗裏。我們的人生體驗，深深地鑲嵌在我們的原生家庭以及家族的整體體驗裏，這個家庭和家族不是孤立的，它總是存在於特定的時代、特定的文化背景裏。

從緣起的角度而言，我們的症狀與太多的東西有緊密的聯繫了。如果不是有持續的好奇，我們很難在這條路上繼續探索下去。

系統分析苦痛

這樣一來，我們就多次把自己的苦和障礙情境化、脈絡化。於是，自然會以一種、非單級的、非線性因果的方式來看待問題，我們會自然地知道，很多東西我們的確說了不算。

當你有「算」的意識之前，你的家庭、家族、時代、文化在那個時候是既定的，如果你完全忽略這些因素對你的影響，甚至否認它，只是想着要袪除個人心理上的障礙，那往往可能會無功而返，或者像打地鼠一樣，你打了這個，然後另外一個就從旁邊冒出來了。或者是時間拉得比較久，你感覺好像所有地鼠都不冒出來，但過了一陣子，它們可能同一時間都冒出來。

一旦發生這種世界觀的轉化，我們對於個人的苦惱就有不一樣的看法，我們會知道重要的並不是追求症狀的無，或者是煩惱的不在場，而是追求一種在各種境況、各種遭遇當中，能夠保持心向着自在的方向，而且是隨處自在，隨時自在，隨緣自在。

當我們有這樣的本領後，外界有這樣或那樣的問題顯現，我們對它就不會感到那麼恐懼或者憎惡，所以我才會把四轉向心放在「苦」和導論的後面。

四轉向心也就是為一條出路做準備工作。我們的心想不想要自在？如果不想，這條路就不必往下走了。如果想，恭喜！在你想的這一刻，你已經獲得了一個瞬間的自在。如果你能夠嘗到甜頭，你可能慢慢就會有足夠的信心走這樣一條路。

自在教室：
記錄生命的軌跡

1. 思考一下自己的生命軌跡。可以用畫圖或寫一段短文的方式來看一看自己的生命軌跡。

2. 如果你當下有某種困擾，或者對關於未來的某種選擇不確定的時候，你可以看一看自己的過去。曾經出現過這樣的情境嗎？當時自己是怎麼應對的？

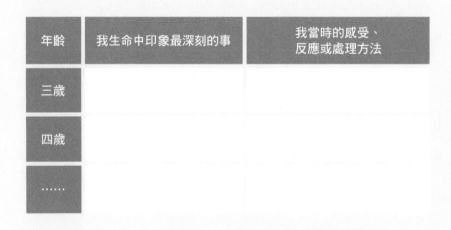

年齡	我生命中印象最深刻的事	我當時的感受、反應或處理方法
三歲		
四歲		
……		

　　通常而言，這樣的思考如果進行得比較細緻，會幫助各位獲得不少答案，我建議大家試一試。即使只是一個開端，哪怕轉向維持的時間不長，但也很重要。

3. 可以試着在放鬆的時候，邊看這一節，邊聆聽自己內心的各種聲音，不需要害怕或執着於某個想法，可以放心地讓不同的想法自由來去。

4. 大家可以根據以下表格梳理一下自己的生活情境。可能正是由於你以往的一丁點類似的想法，你看到本書的時候，內心就會有所觸動。恭喜你！你又回到了一條本該屬於你的道路上。希望大家的心慢慢地轉向自在，過上一種隨處自在的生活。

日期	發生了甚麼事情，讓我希望能獲得自在？	針對這件事情，我的想法

單元三

七情與自在

　　我們要意識到，對於情緒，我們需要對它負責，需要整合它，同時又不必做它的主人。

10

為何我們會為「情」所困：
如何調整自己的情緒？

本 節 重 點

1. 情緒問題是心理諮詢中最常見的問題。

2. 我們要與自己的情緒有和諧的關係，貪戀所謂的「好」情緒，會讓我們難以面對所謂的「負面情緒」，甚至「沒有情緒」。

3. 情緒都是我們的感受，不管是快樂還是悲傷，我們始終是自己。面對情緒，我們可以發展自己的心，以此培養承載情緒的能力。

　　這一節是有關情緒這一部分的總論，就是來看看我們如何在各種情緒中獲得自在，很多時候哪怕外界沒有任何困擾，但是我們仍然被自己的情緒所困。在一些研究當中，把來訪者的訴求進行歸類，你會發現情緒障礙佔的比例好大，其次就是人際關係問題，很多的人際關係問題往深處探究，原來還是情緒問題。

情緒之必要

為了讓自己不被情緒所困擾，有些人會採用非常極端的方法。比方說冷酷無情。冷酷無情的人認為情緒是有毒的，是壞東西，它不是我們的朋友，甚至應該努力祛除。

通常這些人在情緒上是受過傷害的，當他把這些所謂的負面情緒，比方說悲傷、憤怒、脆弱、絕望、羞恥、內疚等關在門外的時候，也就把自己關到門裏面了。於是，一些所謂的正面情緒，如欣喜、放鬆、期盼、快樂等，也都沒有了。這樣的一種保護方式，就好像把人變成了「活死人」。

我們經常會聽到「情商」這種說法。有關情商的書出了好多本，在我看來，這些書裏頭有誤導的一面。這些書可能非常看重情緒的工具性意義：「如果我能夠控制自己的情緒，那麼我將會贏得某些人的讚許；如果我能夠調節別人的情緒，我有可能會控制他人。」我不覺得這是一種真正有利於獲得自在的情商，因為當你這樣做的時候，你也擔心別人會這樣對待你。

情商應該是追求自在的前提，盡可能與他人有真正和諧的關係，尤其是要與自己的情緒，有一種比較和諧的關係。一般來說，談到情緒的時候，大家都會有一種很自然的二分法——「好情緒」與「壞情緒」。

非二元的情緒光譜

甚麼是好情緒呢？比方說「開心」，通常會被認為是好的。對於好情緒，我們會努力追求，不顧一切去得到。不用多說，大家可能已經從身邊的例子看到，有些人追求好情緒，雖然也不一定追求不到，但是往往會把自己弄到一個更深的壞情緒裏，如果你對這些所謂的好情緒多一份貪戀，你特別喜歡這種「好」，覺得那時候的自己才是真正的自己，在那種生活中才是真正的享受，那麼，當你進入一種相對平和的心態時，你可能會感覺到很無聊、很抑鬱。因為你覺得平和狀態的自己就不是自己，那就更不用說一些所謂的壞情緒了，如我剛剛所說的失望、悲傷、內疚、羞恥、憤怒乃至絕望。

你可能會覺得，如果身邊有人處於這樣的壞情緒裏，那他真是一個可怕的物種，要想方設法地離開他，以免壞情緒會傳到自己這裏，這也是一種比較高級的作繭自縛，這個「繭」，就是我們以為的「好」情緒編織出來的一種「好」的生活。

作繭自縛時，我們很難容忍生活當中的情緒好好壞壞、起起伏伏、來來往往，竭力把自己控制在所謂的「積極情緒」，市面上的自助心理書籍，又會有意無意地強化這種對待情緒的態度，想方設法讓人感覺到要有一種高峰體驗，要有很愉悅的感覺。

說得嚴重一點，這有點像精神上的鴉片，它會使人在回到一個相對正常的生活狀態時，感覺到空虛、沒有色彩；當面對所謂的「負面情緒」的時候，會感覺到厭惡，甚至驚恐。

我們的情緒就像光譜一樣，只不過是波長不一樣的振動而已，它本質上是一樣的。只不過我們受了一些社會文化影響，或者是由於我們對情緒的本質了解不夠，才會在情緒上產生好惡，使得我們的自我被局限在比較小的地

方，沒辦法辨認出來：悲傷的自己是自己，痛苦的自己是自己，絕望的自己也是自己。我們擁有很多種狀態，這些都是真的，而且在根本的層面是連成一片的。這就是我對於情緒自在的觀點。

我並沒有鼓吹「這些所謂的負面情緒很珍貴，大家努力給自己創造吧，我們盡可能地受傷，盡可能地絕望吧」。當我們的心靈不夠成熟的時候，也容納不了很多情緒，不光是負面情緒，就連正面的情緒也難以容納，比如開心得過了頭，從中醫的角度來講，也會使心氣渙散。

所以，我們需要慢慢擴展自己的心。在我們的心足夠擴展之前，可以做些甚麼呢？

保護情緒機制

首先，保護我們的心，以免遭受過多的情緒刺激。比如，不要帶小孩去看恐怖片，孩子的心理還不成熟，當他看恐怖片的時候，好多刺激畫面進入他的頭腦當中，會沒辦法消化。對他而言，這不是一件過癮的事情，可能是一場災難，甚至引起創傷後的應激反應。我們的心如果有一部分停留在孩子這樣的狀態，就應該保護它，使它不要被過強的情緒影響，不管是哪種情緒。

然後，要有一個足夠的安全區。這個安全區就是我們自在的基地，我們要學會保護自己，不要暴露在太劇烈的情緒當中。當我們的心逐漸成長，逐漸變得有能量、有容量之後，它對於情緒的感受就不一樣了。它可以消化一些情緒，並且把這些情緒轉化成一種生活的智慧、來自經驗的智慧。

真正的情商

1. 能夠辨識自己的情緒狀態；

2. 也能夠辨識別人的情緒或者情感狀態；

3. 我們知道自己的情緒、情感狀態的規律，也知道別人的規律。

這樣的話，我們就不會誤以為自己的某種狀態是別人帶來的，這種誤會往往引起交流上的障礙，使得對方覺得莫名其妙，在這樣的壓力下，對方可能真的會表現出你期待的行為。我們逐漸學會辨識之後，點點滴滴的情緒就會轉化成一種智慧。不光是正面的情緒可以轉化，負面的情緒也可以轉化成智慧。

如果你被某種情緒主導，你可以在主導你的情緒當中學到很多東西。比方說如果你總是很憤怒，你可以從憤怒當中學習。憤怒裏頭有太多東西了，我們接下來會有專門的一節來講它。

對情緒的本質有了更多更深的了解後，我們的心就會處於一種對情緒自然接納的狀態當中。我們的情緒就像天上的雲，無論是白雲還是烏雲，本質上並沒有差別。白雲固然有很多美的變化，烏雲其實也值得欣賞，我們在平時生活當中，心會陷於日常狀態，就很容易形成管狀視野；一旦抬頭看天，會發現天是很大的，很多事情不隨我們的意志轉化，天本身是很自在的，當我們看着天空的時候，情緒就會被天氣所轉化，這也是一個很好的轉化情緒的途徑。

11

喜

本節重點

1. 我們趨樂避害，很自然會把喜當成一件值得追求的事情。一種喜是滿足慾望，一種喜是刺激不無聊。

2. 積極心理學關於喜悅的研究中，有「福流」這概念，也就是「高峰體驗」。在這個體驗中，我們會感受到一種很強的完整性和聯結感。

3. 生活有三種喜，原發性的喜、繼發性的喜和工具性的喜。原發性的喜會比較好一點，但是這三種喜都蘊含着不開心。

4. 不設限的隨喜，是更接近自在的一種喜悅。

　　要跟別人講一點沒那麼好的事情時，有甚麼技巧呢？我們會先說好聽的。所以，我也要挑一個好聽點的情緒來開始，先講七情當中的「喜」。

　　喜就是開心，大家開心的時候，幹嗎要多想呢？多想就不容易開心了。這是我們對於喜的日常態度。這個態度沒問題。我們平時主要是被這個態度所指導的，很自然把喜當成值得追求的事情。

刺激與安樂

人生最重要的事情就是開心，那開心是甚麼呢？開心就是滿足，滿足是甚麼呢？滿足就是你想要的事物實現了，當我們滿足的時候，期待的過程中所蓄積的不安和焦慮就很自然地被釋放了。

這些情緒釋放的時候，我們身心就會感覺到放鬆，這種喜是刺激被卸載，有另一些喜，不是每個人都想追求，但同樣是喜的一種，就是覺得好無聊，想找點刺激。

例如要做一點帶來焦慮的事情，儘管帶來焦慮，但並沒有很大的危險，我們的身心在經歷坐過山車式的體驗後，放鬆程度也很高。所以有些時候我們會找刺激，因為這個刺激只要不把人刺激死，帶來的會是一種比較愉悅、比較過癮的感覺，這樣的身心感受都屬喜的範疇。

在經歷不致命的刺激時，人就會產生一種愉悅。

除了這些在日常狀態當中的喜外，還有一些喜在日常狀態當中沒被體會到，在很多修行的體系當中，人會達到一種不一樣的安樂狀態。這種安樂狀態，既不是某種刺激被突然卸載，也不是在很無聊的狀態下有很多新鮮事物的刺激，而是它呈現出我們心某一方面的屬性。

認識「福流」

在上一節提過，我們的情緒就像七色光譜，本身就有喜這個光譜。如果我們的心變得比較安定，自然就會進入一種喜悅的狀態。不同修行方式帶來的喜悅狀態是不一樣的。比較淺一點的叫作輕安，有些可以達到大樂程度。

輕安是佛學詞彙，是禪修的一種初階狀態，表示身心都很輕鬆舒適。

這啟發了積極心理學的研究人員提出一個叫作「福流」的概念，即英文當中的 flow。這個詞有點像人本主義心理學所提出的「高峰體驗」。這跟刺激的感覺是不一樣的，在這種高峰體驗裏，人會體驗一種很強的完整性，一種聯結感，積極心理學家便把類似於這樣的感受叫作「福流」。

有些人為甚麼專心致志地做一件看起來沒有很大回報的事情？比方説，有人專心致志地做手工，手工產品也賣不了多少錢，但是他樂在其中。

如果你問：「你樂甚麼呢？」你會發現當他的注意力高度集中時，就進入一種「福流」狀態。在這種狀態中的快樂，沒有體驗過的人很難想象體會到，只要在這樣的狀態當中，不要過分消耗，可能也有滋養我們心靈的作用。

原發性的「喜」

總體而言，喜有層次，以及有是否屬日常意識狀態等方面的區分，它還是一種積極的情緒表達，當我們看到別人開心的時候，自然也會開心起來。

這裏所指的是正常情況，很多人只要看到嬰兒的笑容，就會不由自主地被他們的笑容啟動。這個「啟動」是一個認知心理學的術語，你會發現，在你充分意識到你在關注着一張嬰兒的笑臉前，你臉部的肌肉好像呈現出微笑的樣子了。

有一類人不大容易被嬰兒的笑容所啟動，除了可能是自閉的人之外，當人陷入抑鬱當中，這種被嬰兒笑容所啟動的能力就也暫時失去。

我還發現，很多人聽相聲會聽到哈哈大笑，但是抑鬱症的病人，當他病情惡化時，並非忍着不笑，而是他真的是沒有任何笑意。所以朋友們，如果你們發現，聽相聲時沒有辦法很自然地笑，或者沒有辦法被嬰兒喜悅的表情所啟動，要稍稍留一點心。

一般來説，這種原發性的喜悅當然是開心的事情，我們都能夠有這樣的時光。但是，喜也有繼發性的情況。

繼發性的「喜」

甚麼叫繼發性的喜？就是你最核心的感受不是喜悅，但是你用喜悅覆蓋那些相對沉重的感受，並不一定説你是騙人或者有意識地騙自己，而是有時候我們的心會自動地校正，用一些比較膚淺的喜來覆蓋那些比較沉重難受的情緒。

這個時候我們要稍稍留意一下，看看這種喜悅的持久性怎樣。因為這種喜悅是防禦性的，它不會持久。再者，除了原發性的喜悅和繼發性的喜悅之外，也有工具性的喜悅，比方説，喜劇演員就有可能是工具性的喜悅。

工具性的「喜」

以前有個笑話，一個人走進心理醫生的診室，說他自己感到非常不開心，甚至想自殺。這個心理醫生給他一個建議：「鎮子上有一個滑稽演員的表演，據說能夠使所有人都哈哈大笑，我覺得你應該去聽一聽這個人的演出。」大家猜到結尾沒？這個人回答說：「我就是那個演員。」

現代社會過於要求人喜悅了，一個空姐式的笑容是很多服務行業的標杆，哪怕你不開心，都要有一種工具式的開心，這會讓人很不自在。因為這個工具性的開心維持起來很衝突，特別消耗能量。

你們有沒有聽說過微笑型抑鬱呢？你要留意哈哈大笑的人，他不一定真正感到喜悅和自在，他有可能是為了適應周遭的環境。有些時候，可能是他要適應原生家庭的環境，如果他有一個抑鬱的媽媽，可能在小時候就知道要逗媽媽開心。久而久之，就變成工具性喜悅的天才，自己都不知道是甚麼時候習得的。

說到這兒，大家知道喜悅也不一定是件完全好的事情。
如果它不是自發的，有可能會變成一個沉重的負擔。

無量之喜

除上述所言的喜之外，還有一種屬四無量心的喜，甚麼叫無量心呢？就是不能測量的，是一種非日常意識的喜悅狀態。有哪四種無量心呢？有慈、悲、喜、捨。

無量的含義很豐富。有一點很重要：如果我們只為自己的事情開心，這個心肯定是有量的。哪怕它是原發性的喜悅，還是很局限。如果你碰到不開心的事情，這個喜馬上就沒有了。

　　有一個術語，它也變成了日常語彙的一部分，叫作隨喜——如果別人開心，我也感覺到很開心。這樣的喜就有一點無量的味道了。

　　在上一節當中我提到，如果你心情不好的時候，可以看一看雲。無量也包含這方面的意思。你如果能夠看出天地的美，為天地的造化而動容，哪怕它不屬於你，但是它的美仍然能夠抵達你的心底。

12

怒

1. 怒就是生氣、憤怒，是大家比較不喜歡的一種情緒，但也是人類的基本
情緒之一。

2. 怒分原發性、繼發性和工具性三種。

3. 原發性的憤怒一般用來動員能量，讓我們準備迎接挑戰。

4. 繼發性的憤怒一般是用來掩蓋悲傷和脆弱。

5. 工具性的怒一般會用來控制別人，但是很可能會傷害自己的身體。

6. 憤怒可以轉化成一種堅定性，自信、堅定、不含敵意，這樣更可能達到
不怒自威的狀態，也就更貼近自在了。

說完了喜，我們來說說怒，這兩個情緒實在太明顯了。

一隻狗或一隻貓的喜，我們看得清清楚楚，它們的怒，我們也一樣看得
清清楚楚。一個嬰兒的喜怒，我們都能夠很輕鬆地分辨出來。對於嬰兒而
言，他們的喜怒轉化速度實在是太快了，我們看到這樣快的轉化，往往會覺
得搞笑，都忘了自己當時也是這樣的。

原發性的怒

怒就是生氣，這個氣是一種一定要排出的東西，所以才會有「怒不可遏」這個詞。我們如果懷揣憤怒，會感覺到自己身心處於炙烤當中。有時候，我們把怒懷揣得太久，看起來它好像降溫了，實際上並沒有，它在炙烤着我們的身心和血肉。

憤怒儘管是大家都不喜歡的，但從辯證的角度來看，憤怒也是七色光譜之一，而且還很有用，憤怒是一種非常基礎的情緒，甚至像是一種條件反射。

人類大腦如果在憤怒時被掃描的話，會發現憤怒的腦區跟其他哺乳動物是一樣的，如果去測我們血液當中的激素變化，你會發現一些與戰鬥相關的激素，比如腎上腺素很快就分泌了一個小高峰，它會使得我們的心臟撲通撲通地跳，呼吸變淺變快。

憤怒具有動員作用，像是打人前要先罵幾聲，就是罵給自己聽的，給自己壯一壯膽，所以這個怒在進化上有積極意義。對內，它是一種動員能量，一種迎戰狀態；對外，它有一種威脅或者震懾的作用，我們一看人氣勢洶洶，一般而言都會避而遠之，所以這個憤怒的確是蠻有用的。

作為一種原發性的情緒，憤怒跟我們腦區中很原始的部分有着密切的關係。一個人完全不憤怒，那倒是挺奇怪的，好像是腦袋缺了一塊似的。所以一般來說，如果一個人完全不怒，最有可能是你沒有見過他生氣的樣子。他可能不在你面前發怒，他這個怒火對着另外的一些人。

也有一些人用看起來比較平靜的東西把憤怒給壓抑了，這時候怒就變成了「鬱怒」。鬱怒的人看起來好像是笑眯眯不生氣的樣子，但是他一旦做起夢來，在夢裏面是要殺人的，所以憤怒這種情緒還是理應有個合適的出路。

原發性的情緒本身就是七色光譜之一，無所謂對錯的，
它只要處於流動、均衡當中，那就是自然的。

繼發性的怒

　　說完原發性的，我們再說說繼發性或者次級的情緒。怒這個情緒有甚麼樣的用處？它可以掩蓋我們的悲傷。我們悲傷時覺得自己能量狀態好低，我們不喜歡自己能量狀態低的樣子，就用使自己變得憤怒的方法。

　　從一個中醫心理學的角度來看，憤怒和悲傷，兩者間相互對抗，很大的悲傷可以壓過憤怒，很大的憤怒也可以壓過悲傷。所以一個人很悲傷的時候，他可能會用憤怒來掩蓋他的悲傷。

另外，一個人如果很脆弱，他可能會用憤怒來掩蓋脆弱，好讓自己看起來沒那麼脆弱，脆弱是一種我們都有的感受，但是我們都努力把它當內褲一樣穿在裏邊，不讓人家看到。一個人如果內在有脆弱的感覺，他往往會經常生氣。這種生氣會讓別人感覺到好像還挺有能的，憤怒作為次級情緒，的確可以掩蓋脆弱。

我們如果不知道自己在用次級情緒來掩蓋，那就沒有辦法去貼近、整合、接納原發的悲傷和脆弱了。久而久之，我們的能量系統流動就不順暢。所以，我們要善於識別原發性和繼發性的情緒，或者説初級和次級的情緒。

工具性的怒

我還要講一下怒作為工具性的情緒。我每一次講情緒的時候都會使用三分法（原發性、繼發性、工具性），這三分法是建立在現時的情緒心理學、情緒神經科學、情緒聚焦的療法的基礎之上。對讀者而言，如果知道這種三分法也是有用的。

現在，我們可以很輕鬆地理解怒作為工具性的情緒：一些人他不生氣，但是他要裝作生氣嚇人。本來我覺得這是人長大之後，尤其是當上領導之後才學會的嚇人招數。後來，我發現小孩子也可以用假性憤怒來控制人。一般來説，小孩一憤怒，大人也蠻惱火的。所以我們就會説「好好，給你手機玩一會兒」、「好好，買買買」等。這個孩子就變得越來越憤怒，到最後，他的憤怒都已經不是工具性的情緒，這個工具已經長到他身體裏了。

每一次把憤怒作為工具使用，它的主要傷害對象是我們自己的身體。哪怕是裝作生氣，但是你的內分泌系統以為你是真生氣，結果分泌了一堆激素，過後這些激素還要代謝，對心臟也會產生一些負面影響，所以哪怕次級情緒的憤怒沒有那麼容易覺察，我們也要留意一下，不要老是拿憤怒來控制

別人，因為它往往不會成功。你當年能唬着你父母，是因為那是你父母。你要是拿這個唬你的同事、朋友，反倒會給自己帶來一些麻煩。

還有一些情況，有些人可能看起來也沒有對外的工具性的憤怒，他的憤怒跑哪兒去呢？他的憤怒指向自身了，這種鬱怒會導致甚麼呢？它可能會導致抑鬱，對於那些抑鬱的人，如果你用認知療法來檢查他的自動思維、核心信念的話，你會發現他有很多指向自己的負面思維：「我是不好的，我是有罪的，我是沒用的，甚至我是該死的。」這些，都是對自己的憤怒，儘管他沒有體會到憤怒的情緒。

有一些人長久地對自己憤怒，沒有導致抑鬱，而是導致很多身心症狀。比方說他身體會沒來由地疼痛，這些疼痛連內科醫生也找不到原因，似乎與情緒有關。每當感覺到被別人否定、惹別人憤怒的時候，好像就會先捶自己一頓。這種對自己的憤怒，就真實地導致了對身體的傷害。一開始可能就是一些身心方面的症狀。這種憤怒累積起來，到了最後甚至有絕症也說不定。所以，儘管憤怒有它的好處，也的確有蠻多壞處。

怒的轉化

對於這個憤怒，我們怎麼辦呢？憤怒其實可以轉化，可以昇華。對自己憤怒的人，就是對自己的憤怒沒有很好的見解。他覺得憤怒一定是不好的，他不能對外人發怒，所以就天天「捅」自己。

一種好的憤怒可以轉化為一種堅定性。這種堅定可以用「不怒而威」來概括，就是一個人能夠維持自己的邊界，而不是看起來一副咬牙切齒的樣子。當這個人逐漸在內心把憤怒當作一種能量的時候，這種能量可以用來作為正常的防禦，使得這個人不容易被欺負。

我們通常欺負甚麼人呢？我們就是欺負那些容易自我欺負的人。我們對哪些人發怒呢？對那些經常對自己感到憤怒的人。這些人如果學會了轉化自己的憤怒，把自己的憤怒轉化成一種堅定性，英文當中叫作 assertiveness，就可以在憤怒當中自在，因為他傳遞出一種堅定不可侵犯的立場。我當然希望各位或早或晚能完成這種轉化。

哀

1. 哀是對「喪失卻無能為力」的正常反應，每一個喪失裏頭都包含了外界和內心的雙重喪失。

2. 有些哀傷有積極意義，能為當事人恢復精力，但異常的哀傷，比如抑鬱症，可能本身會消耗大量精力。我們需要尋求專業的幫助，不能僅僅依靠自助書籍。

3. 異常的哀傷經常由於早年的哀傷體驗被中斷，導致不能自然地哀傷。沒表現出的哀傷藏在心裏會成為抑鬱症的緣起。

4. 我們可以觀察自己心的規律，以此保護自己，避免引起重度哀傷情緒。

　　我們對於哀的一種本能反應就是不喜歡它。因為在情緒當中，哀的能量等級實在太低了。哀傷時，人感覺到自己沒有力量，這跟憤怒不一樣，憤怒的時候，我們處於一種「火焰」的包圍裏，像是一種很有能量的狀態。

哀的本質與功用

我們常言「哀莫大於心死」，我們的心有一種總體性的「死」，還有局部的「死」。局部的死就是一些失望。你本來期盼一些事情能夠達成，但沒有遂願，對你而言，你喪失了甚麼呢？

你不光是喪失這件事情能夠給你的好處，也喪失那個懷有希望的自己、懷有期待的自己。所以，每一個喪失裏頭，都包含外界和內心的雙重喪失。

我們很難接受這樣的喪失，那些嘴上說「我接受，這都過去了」的人多半不能信。我在臨床上看得特別清楚，使一個人真正接受喪失、走出哀傷很困難，需要歷時很久。當然，假的「走出來」就比較快一點。

哀傷，或者說悲哀，就是人對於「喪失卻無能為力」的正常反應。也就是說，它不一定是病理性的。你飼養一些小動物，也能夠看到，當它們喪失某些機會時，也會有一種哀傷、無助的感覺。

我們身處的社會文化無比討厭哀傷。所有的廣告都在告訴你如何快樂，而不是如何面對哀傷。更不用說如何欣賞，乃至接納、悅納你的哀傷了。

哀，也有積極意義，在喪失之後，如果處於一種哀傷的狀態，它可以比作一種能量節省模式。在這個時候，你不會有很大的動作。因為你在節省能量。所以哀的本質是：我們需要停下來，需要有一些反思。

以前，一個人喪失至親，他會有一個官方賦予的居喪期。居喪期可以很長，叫作「丁憂」（指遇到父母或祖父母等直系尊長的喪事。「丁」是遭逢、遇到的意思），這個階段你可以好好地沉浸在哀傷中。在猶太文化裏也是這樣。一個人失去至親，他會有一段居喪期。他的親友會來照顧他，他不需要做任何事情，也不需要外出，還有人幫忙接待他的親友，他可以好好地沉浸於哀傷反應當中。這種對於哀傷的態度是很正常的。

哀傷至病

我們並不是說所有哀傷都是必要的。有時候哀傷可能會異常延長，或者這種哀傷的反應非常沉痛，以至於它沒有幫助當事人去恢復精力，而是消耗了他大量的精力，使他的生命能量越來越低。這種異常的哀傷會有甚麼樣的表現呢？

他可能會有抑鬱發作，也就是俗稱的「抑鬱症」。抑鬱症的人處於一種不同尋常的哀傷狀態：他可能喪失了對所愛事物的興趣，終日感覺到心情非常悲傷沉重，甚至感覺思考問題都很困難，沒有起床的能量。這些哀傷跟我剛剛所說正常的哀傷不一樣。

為甚麼一些人會有這種異常的哀傷？在臨床當中會觀察到，當他正常地體驗哀傷的過程被中斷、截止了，比方說他的確有很大的喪失，但在這時候，周遭的人彷彿都擔心這會給他造成損害，所以就形成一種默契，顯得都不那麼哀傷。

每當生活中發生類似於當年喪失的事情時，老傷就被激活，這時候，大量未消化的哀傷所發酵出的抑鬱，可能會一下子把人撲倒、淹沒掉。所以我們如果想在哀傷當中盡量保持自在，就要防患於未然。面對一個哀傷的自然情境時，儘管社會文化怎麼強調、身邊的人怎麼說，我們要明白：要給自己

一個人面對一個哀傷情境，本來會有的自然哀傷卻沒有辦法生出來，這種沒有發出來的哀傷就爛到心裏頭了，經歷很長時間的發酵，就形成了一個「病灶」（這裏是一個比喻。醫學中，病灶一般是以慢性炎症的形式存在，隱藏在體內的某個部位，裏面藏着致病的細菌或其他感染物）。

一點空間，去接納、品味這些哀傷。很多人在社會上會有一些自發獨自處理哀傷的活動，比方說借酒消愁，如果他沒有到一個病態的程度，這樣去處理哀傷是無可厚非的。

哀傷的過程

在哀傷的狀態下，我們不大會有與人聯結的願望，因為伴隨着興趣的廣泛喪失，我們對於跟人聯結可能都不那麼有興趣了。但在這種時候，我們還是要提醒自己：沒準在另外一個人陪伴下，哀傷的處理過程會變得容易得多，因為這就像是有個人在岸上看着你一樣。

如果我們條件還不具備，那處在這種病態哀傷狀態的時候，要格外留意。我們的心裏可能會湧現非常多的想法，這些想法往往是負面的。

希望你不要被這樣的聲音嚇倒，最好能夠對這些聲音做一個情緒的筆記：我今天內心浮現了甚麼呢？我把它記下來。把當時發生甚麼也記下來。你可能會疑惑，只是記下來就可以嗎？記下來有很多用途。當你把它記下來放在紙上的時候，就跟它保持了一個距離。

　　當你有這些想法出現的時候，要記得：在這樣的哀傷狀態下，出現這些內在聲音是很常見的。

　　為何要保持這個距離呢？我們可以觀察在悲傷的歷程當中，有怎樣的心理規律，我們要知道自己心的規律。所以我們要看一看，在怎樣的情形下，跟誰在一起的時候，我內心這種負面的思維會比較多。至少在接下來這段時間，你應該保護自己，使自己遠離這些會引起負性反應的情境。

　　這一點很重要。有些人處於哀傷當中，彷彿有一種不斷加重虐待自己的反應。他不是保持迴避，而是拼命地衝到裏頭。這樣非常不利於哀傷的轉化。

　　如果你要接受專業的幫助，你帶上的情緒筆記，有助於另外一個人比較方便、明晰地看到你過去的哀傷規律。

容許正常的哀傷

大家應該記得，前文所講過的苦就包括某個東西失去了。哀傷對應的就是失去了。我們應該知道，我們都不是任何事情的主人，這樣一種喪失和獲得是必然的。我們要有一個相對正確的、客觀的鑒定，才不至於被喪失拖到哀傷的泥潭裏。

還要留意哀傷有正常和異常之分。對於正常的，要盡量給自己一點時間和空間去轉化。如果到了異常，請記得這個世界上是有人能夠幫助你的。

懼

 本 節 重 點

1. 害怕和焦慮同屬「懼」的範疇。

2. 恐懼是一種基本情緒，最大的恐懼是對死亡的恐懼。在進化意義上，這對我們有保護作用。

3. 焦慮更像是繼發性的恐懼，是一種對恐懼本身的恐懼。焦慮也具有工具性，我們會靠着焦慮來激發自己的能量去達成某事，但這種情緒會使周圍的人非常不自在。

4. 恐懼、焦慮的根源是不願接納世事無常，得到了就怕失去。

　　我們來說一說懼，也就是恐懼的「懼」這種情緒。這種情緒比較廣泛。有一些有明確對象，比如恐懼；有一些沒有特別明確的對象，比方說焦慮。

恐懼的作用

孩子剛出生的時候，在正常情況下會得到媽媽很好的保護，母親的功能就是使得孩子免除恐懼，使他盡可能像處在子宮內的環境一樣。當孩子處於很好的、連續的一種身心狀態時，他就不會感覺到恐懼。

當他體驗到一種不連續感的時候，他就會感覺到恐懼，這時候，孩子就會釋放恐懼的信號。這種恐懼往往與非常重要的人，也就是與媽媽的分離有關。

談到分離，最大的恐懼，就是與自己的生命分離。說得直白一點，就是對死亡的恐懼。

當一個兒童知道人是會死的，他的童年就結束了。當然不是說方方面面都結束了，而是在心理上他知道生命有限。首先是父母生命的有限。在這一時期，孩子會有很多恐懼的反應，可能會做噩夢，噩夢裏有某種怪獸之類的。

有一類人不會體驗到任何恐懼。有一位非常著名的攀岩高手，他在一些非常危險的地方攀爬，勝似在家裏走一樣。我們覺得這一定是有莫大勇氣的人。後來，神經科學家對他的大腦研究發現，他的大腦當中缺失了來自杏仁核的信號。杏仁核是我們大腦的一個核團，與我們的恐懼情緒相關。這個人由於沒有這樣的信號，所以他體驗不到恐懼。請不要羨慕，如果一個人沒有恐懼，他死亡的概率也會大大增加。恐懼本身起到一種保護的作用。

當孩子長大的時候，如果看到一個可能會讓他摔倒的地方，就會有恐懼的反應。恐懼是安插在我們當中用來保護生命的重要機制。所以對於很多東西的恐懼就是一種反射，是非常原始的生物性反應。

比方說很多人會害怕蛇、蜘蛛這樣的東西。在人類過去的穴居時期，也就是住在山洞裏的時候，蜘蛛和蛇會在那些地方出沒，我們很有可能受到它們傷害，對於這一類「老鄰居」的恐懼，可以說是被深深記載在我們的基因。儘管每年死於交通事故的人遠遠超過死於被蛇咬的人，但是我們對於汽車不會產生這種反射性的恐懼。這是因為我們的老祖先沒有見過車。

恐懼與焦慮

我們的恐懼有保護性的進化意義。但也正是由於它具有保護性，有些時候會保護過了頭。一般來說，一種真正的危險周圍應該設一條警戒線，對不對？我們只要不進線裏頭，理應都是安全的。

如果保護機制變得比較亢進，在這條警戒線之外，又有二環、三環、四環……七環，我們可能在七環就已經裹足不前了。這樣儘管是安全的，但是也不行。一個人的生活中，如果存在着非常多的威脅，而且他對於威脅的迴避、恐懼反應又非常亢進，那會怎樣呢？他會非常局限，動彈不得。

從恐懼到焦慮，也就是我剛剛所說的演變過程。恐懼偏原發一點，焦慮是對於恐懼的恐懼，偏繼發一點。套用我們前面已經學過的公式，焦慮也可能是工具性的。

一些人已經習慣焦慮，因為以往面對生活當中的困難時，焦慮動員了他的生命能量，使他成功克服困難。這對他而言，形成了一種獎勵機制。於是，他總是把自己弄得非常焦慮。在這個時候，他的焦慮與外界環境關係不大，

焦慮的氣場使得不光是他本人不自在，與他有關的人都會不自在起來。

與他本人的關係比較大。和這樣的人相處起來會有甚麼困難呢？他會把身邊的人弄得很焦慮，因為他覺得焦慮是好東西，這就很麻煩，因為他帶來焦慮的氣場。所以，如果我們還沒有學會在焦慮當中自在的話，我們應該遠離這樣的人。

焦慮的種類

以上所説的，都是相對正常的焦慮。相對而言比較異常的，有一種焦慮叫作「崩解焦慮」，這種焦慮非常原始。在這樣的焦慮中，會感到自己彷彿都不存在，變成了碎片，或者將要變成碎片。人會處於比較極端的病態當中。如果你在醫院精神科工作，你會在一些新入院的病人那裏體會到這種崩解的、湮滅式的焦慮。

比這稍微好一點的是「被害焦慮」。患有被害焦慮的人，總是覺得身邊有人對他不利，此處指的是沒有發展到妄想情況下的焦慮。即使沒到妄想的程度，但是它仍然會折磨你。總會覺得別人在針對自己。這就是一種被害的焦慮。

其次，就是一種「分離焦慮」。分離焦慮在生活當中有很多種表現，比方說有人換個地方就睡不着，就像小時候一樣，要抱一個熟悉的玩偶才能睡着。還有一些人特別懼怕生活當中的改變，哪怕是好的變化，比如升遷也不行。因為這種變化都意味着與老的、舊的、不一定那麼好但是習慣了的境遇分離開來。這樣的焦慮會限制人在生活當中自由移動。

再者是一種「害怕失去愛的焦慮」。他對於別人的態度非常看重：你還喜不喜歡我？你是不是仍然看重我？我對你究竟重不重要？他會有非常多這方面的擔心。如果對方回短訊時間超過 30 秒，這種焦慮有可能就被激活了。

還有一種更「高級」一點，叫作「閹割焦慮」。這部分如果細細講起來，會牽涉很多精神分析的細枝末節知識。簡單來說，這種人會擔心某些對自己很重要的東西被毀壞。一些人覺得自己的容貌會改變，一些人覺得自己的才華會隨時失去，如此種種。

當然最「高級」的就是「道德焦慮」，一個人如果完全沒有任何道德焦慮，也是一件挺可怕的事情。有一類反社會型人格障礙，他們可能會走上犯罪的道路，他們真的沒有道德上的焦慮。

除了這些病理性的焦慮之外，還有一種叫作「存在焦慮」。人生於世，很多事情自己說了不算，做不了主。不光你是這樣，那些在你看來很強大的人，很成功的人，一樣有這種「不由己」——自己說了不算的焦慮。

焦慮的種類：

1. 崩解焦慮
2. 被害焦慮
3. 分離焦慮
4. 害怕失去愛的焦慮
5. 閹割焦慮
6. 道德焦慮
7. 存在焦慮

接受無常

由於工作的關係，我接觸到很多在世俗意義上非常成功的人。我發現他們對於自己做不了主的焦慮，反倒比普通人還要高。這些焦慮的背後，都代表着對於無常的不接納。我們大家都知道，「這個世界上唯一不變的就是變化本身」。所以，只要是變化，那就一定意味着不斷失去。

不過通常而言，我們總是把不斷地失去視為無常，而覺得不斷地得到就不是無常了。如果你今天中了一百萬，你完全不會覺得這是無常，你會覺得這是你應該有的。大家對於這種變化有着一種看起來挺矛盾的態度。

嫉

1. 羨慕來自三元關係,是一種健康的情緒,能承認別人的好,並期望和別人一樣好,有利於成長;嫉妒來自二元關係,包含了很多否認的因素,嫉妒的人會想毀掉他嫉妒的對象。

2. 嫉妒的最終受害人是自己,因為它會讓自己的一部分嫉妒自己的另一部分。

3. 一般來說,我們內心的建設性力量會讓嫉妒轉化為羨慕。因此,我們可以覺察自己內心的嫉妒,看見並嘗試理解它。

　　「嫉」是一個比較沉重的話題,我們在日常的對話當中會使用「羨慕嫉妒恨」這種說法,通常對方也是會心一笑。因為我們都知道這並不是一種非常強烈的、毀滅性的情緒。羨慕、嫉妒和恨是不一樣的東西。尤其,要想區分羨慕和嫉妒的話,在精神分析的體系裏說得比較清楚、全面。

羨慕的作用

嫉妒和羨慕有甚麼區別？它們對於我們的人格有怎樣的影響？我們如何克服、轉化、整合這些情緒，讓它轉為正面服務於我們？我們要先理解它的機理。

首先從羨慕說起。提到羨慕，大家會有怎樣的聯想呢？羨慕，在生活當中經常出現。我也會羨慕很多人，一些人在很多方面都比我好，比我優秀，我希望成為像他們那樣優秀的人。這種背後的動機是羨慕，而不是嫉妒。

羨慕來自三元關係。如果沒有了解精神分析理論的話，會對三元理論感覺有點陌生。三元理論最為簡便的形式也就是孩子、父親、母親。

當進入某個人生階段的時候，男孩子可能會潛在地把父親當作一個挑戰的對象。他想像父親一樣強大，只有這樣才能夠擁有母親。在這種情況下，他認可父親是強大的。在認可的前提下，他才會覺得「我也希望自己這麼強大」。他能夠看到自己「不那麼強大」，而且希望達到一種強大的狀態，這就有一種積極的意義了。通過對父親的認同，他就可以克服對父親的敵意。在這樣的情況下，他的人格就會得到比較健康的成長。

對於女孩子也是這樣的，她的仿效對象或者認同對象就是她的母親。她先要認可母親是有魅力的，如果能夠像母親一樣有魅力的話，就可以跟父親在一起。所以，她會穿媽媽的高跟鞋、擁有媽媽的口紅，在媽媽不注意的情況下，背着媽媽的包在房間裏走，這些都是對母親的認同。這種認同的動力就來自我們剛剛所說的羨慕。羨慕是一種積極的力量，看到好的，我想變得跟他一樣。

一般來說，羨慕是一種較為健康的情緒。一個人知道世界存在着好，而且他知道另外的人擁有這種好，在羨慕的推動下，就會不斷提升自己、豐富自己，羨慕背後是一種生本能。生本能就是一種走向建設的、聯結的本能。

我覺得羨慕不是很難理解，因為大家在生活當中都會有羨慕的人。如果回想青春期，你會留意那時候，你跟某些夥伴就有一種羨慕的關係。這個關係總體而言是和諧的。但有時候由於羨慕變得比較強烈，就會有短暫的不快。沒準對方在某些方面也是羨慕你的，靠着這種彼此羨慕的關係，雙方都吸收了對方的長處，人格就會不斷成長。

嫉妒的影響

接下來要講的嫉妒，跟羨慕很不一樣。嫉妒是一種可怕的毒藥。這種毒藥的毒害對象往往不是你嫉妒的對象。你嫉妒的對象，在很多情況下，壓根不知道你在嫉妒他。所以這碗毒藥主要是自己喝，在內心不斷腐蝕自己。

嫉妒和羨慕不一樣，嫉妒在發展上更為早一點，它來自二元關係。二元關係就是指母嬰關係。在一些精神分析學家的理論裏頭，嬰兒對於母親能夠餵養他這件事情並不是完全充滿感恩的。在某一個時期，他既感恩，但是內心又充滿了嫉妒。

你們可以試着代入一個脆弱無助的嬰兒的內心。如果你為我提供好的東西，比方說很好的乳汁，那我豈不是要依賴你嗎？如果你為我提供很好的乳汁，那你豈不是比我優秀？在我們的關係裏，我甚麼都不是，是個可憐蟲。

如果你為我提供好的乳汁，你有甚麼用意呢？如果我對自己感覺又沒那麼好，你對我的好是不是假的呢？你是不是想控制我呢？

這個時候，大家可以體會一下，二元關係當中的對方儘管提供好的東西，但是在接收方那裏味道完全變了，變成一種有毒的、危險的東西。所以嫉妒的壞處就在於它能夠把任何好的東西給染成壞的。

嫉妒裏頭包含了非常多的否認因素。嫉妒的人會否認對對方的依戀，會認為「我如果依靠你，這不是一件好的事情」，就像我剛剛所說的一樣。他也會否認對方是好的，「你對我的好都是別有用心的，你是想控制我，所以你是壞的」。

在「你是壞的」的情況下，我會不會有一種想成為你的動機呢？不會。在嫉妒的情況下，完全不會。所以你是壞的，我要毀掉你。如果你的壞當中還有一點好，你也必須把那個好全部變成壞。你必須從頭壞到腳，這樣我才有充分的嫉妒你並且毀掉你的理由。

嫉妒的極致

我不知道剛剛描述的心理過程有沒有稍稍驚動各位。我們在嬰兒時期，是走過這段被偏執性的嫉妒所主導的時期的，只不過我們後來內心的建設性力量遠遠壓過、戰勝了毀滅的力量，所以我們的嫉妒就慢慢地發展成為羨慕。

但是，也有一類人比較不幸，他們的環境沒這麼好，或者是由於一些更為複雜的因素，他的心理沒有發生這種逆轉，他的內心經常被嫉妒所佔滿。你們能夠在一些非常極端的例子當中看到這情況，就像有人殺死了自己的同學這類案件，如果你去看當事人的心路歷程，會發現他的內心裝滿了我剛剛所說的「毒藥」。儘管這是一個非常極端的案例，但是我相信對所有人都有警醒的作用。

一般來說，我們人性在很多方面是相通、相同的，只不過每一部分在每個人心裏的比例不一樣。嫉妒隱藏在我們人性一個非常陰暗的深處。那裏蓄積了很多破壞的力量。更可怕的是，我們的一部分會嫉妒我們另外一部分的成長。就像有人在人生中，會為自己設置非常多的阻礙。看起來就像是自己的敵人一樣。

為甚麼他會這樣對待自己呢？他內在有着不同的部分。他內在有一個被嫉妒所主導的亞人格。所有人都有類似的亞人格。我們聽到這些之後，在害怕之餘，如果能夠省察自己，這就是一種建設性的力量。

當我們內心有如此強烈的嫉妒，它的主要毒害對象真的是自己。當這個嫉妒佔主要部分的時候，我們怎麼開發出真正喜悅的能力呢？我們既不為自己喜悅，又不為別人喜悅，也不會為這個世界上任何建設性的、生長性的力量喜悅。這樣的一種生命遠非自在，可以說非常閉塞，而且是一種非常陰險，乃至危險的閉塞。所以，我建議大家看一看自己的內心，我們內在這一部分會藏在甚麼地方？

16

望

1.「望」這種情緒可以理解為期待。

2. 期待一般是積極的，但也會和負面情緒疊加。

3. 如果「望」是指向未來的，而且程度過了頭，就容易產生心理問題，落入不自在的狀態裏。

4. 我們也要適當地回望，這樣有利於理解自己現在和未來的行為和感受。

5. 如果被太多的人指望，活在他人期待中很容易陷入不自在，因此我們要培養自己的希望感，找到自己真實、穩定的期待。

這一節來說一說「望」這種情緒。

一般來說，我們談到情緒的時候，不會當「望」是情緒。其實「望」也是一種情緒狀態。在情緒心理學當中，期待的英文是 anticipation，算是一種基本情緒。

望帶來的消耗

一般而言，我們對期待的理解是比較積極的。比方說有人要送你甚麼東西，然後速遞快要到了，你會有一種正面的期待情緒。期待也可以與負面的情緒疊加。比方說樓上掉下一隻靴子，然後你焦急不安地等另外一隻靴子甚麼時候掉下來。這種「望」就偏負面一點。

「望」有很多種，總體而言，都是指向未來的。指向未來是一個很重要的維度，就像我們眼睛一定是往前望，如果我們不轉腦袋的話，是望不到後面去的，往前看是一種比較積極的情緒。在日常生活當中，無論是勸別人，還是被別人勸，用到的高頻詞就是「看開些」、「往前看」。所以有很多與「望」有關的詞語，比方說「守望」、「盼望」、「渴望」、「希望」，這些都是往前看的。

然而，很多心理問題的產生，可能是由於在「望」上過了頭，是太往前看了。像一些人到諮詢室來的時候，帶了非常強烈的情緒。因為他接下來要面臨某種生活的處境。他也不知道為甚麼，當看着這個生活處境的可能性時，不管看得清不清楚，都會產生強烈的焦慮感。

所以往前看，有時候會帶來麻煩。比方說我所生活的城市深圳，就提出了「時間就是金錢，效率就是生命」的口號。這是非常重視未來的維度。如此會使得我們整個身心都往前邊望，有時候會使得我們進入一種很不自在的狀態裏。

當然，如果周遭的人都處於同樣的狀態，你夾在這樣一個隊伍裏，可能很長時間都不覺得有甚麼不正常。但是望着望着，我們的能量就會有很大的消耗。所以有些時候我們還需要回望，需要走一段時間，便往回看一看。這本書在很多方面都有這樣的明示或者暗示，那就是：我們的過去很重要，因

「望」一般都是往前看，「回望」儘管不是那麼合乎天性，但是很重要。

為我們的過去是預測未來最好的指標。大家也可以記住這句話：我們理解一個人的行為，不管是自己的還是他人的，都能夠在其過去找到線索。

被期望的壓力

我們接下來還要稍稍談另外一個很有中國特色的「望」，叫作指望。在我的來訪者群體當中，這算是一個高頻詞。一些來訪者會講：「我是被指望的，他們都指望我怎麼怎麼，如果我不如何如何，那麼他們就沒有指望了。」

當我們處於別人的指望裏時，別人在想象的未來中就給我們安排了一個位置，或者派遣我們到一個地方。有時候你不知道你是在被指望，你活在別人的期待裏，這就大大影響你的自在。儘管這樣的期待可能包含很多積極的因素，比方説期待你好、期待你出人頭地。但是生活在別人的「望」裏頭，可能會給我們帶來莫名的不自在。

那我們如何克服這樣的指望呢？很重要的是，我們需要對自己的人生有一種真正的希望感。希望感特別重要，它一部分來自早年間父母對我們的希

望感，這種希望感和剛剛所說的指望有重合，但兩者是不一樣的。

在希望中，他們會把你當成一個主體，而不是一個對象。當我們處於這種真正被希望的狀態時，我們可能有一種當家做主的感覺。如果一個人被不斷地指望，很有可能他會突然轉到指望的反面——失望、絕望。所以我們需要思考一下，我們對人生是否擁有真正的希望感？

有一個小竅門，不要在你順境的時候來思考「希望」這件事情。當你在一些不順心、不愉快、不那麼好控制、說了不算、不那麼自在的景況裏，最容易檢驗你的希望感是不是真的。如果是假的，在這樣的景況裏，人就會動搖。

如果你們現在處於一種相對負面的境況裏，你可以看一看，在這樣的景況裏，你的希望感在哪裏？它是否仍然堅挺，是否仍然柔韌？如果我們能夠渡過這樣的景況，成功地走出去，那麼這種劫後餘生的希望感會因為我們這一次的經驗而變得更加強大。我們對自己也就越來越有一種正面的、積極的、真實的、穩定的期待。所以我們需要經常做一種個人展望的訓練。

一般來說，很多時候這種展望是相對被迫的。你在團隊裏，可能會有業績考核。這種希望或者說指望，雖然不是完全負面的，但它是我們生活在這個世界上無法擺脫的事。我們要知道這個世界有它的局限性。

個人的指望

除去這些「被展望」之外，我們事實上需要隔一段時間進行一種真正的

個人展望。有一個研究表明，經常進行個人展望的人，真的會逐漸獲得他所展望的東西。兩個人的才能差不多，為甚麼其中一個人的生命曲線好像是持續的增長？可能他對自己有一種行為上的激勵。

説到這裏，已經成家立業做父母的讀者，你們要注意，經常進行家庭展望是一件很有益的事情。有時候，我們可能會想當然地認為，對方（家庭當中的其他成員）所盼望、期待的跟我們一樣。但如果不一起談一談，往往就會發生一些誤解，導致這個大家共同拉的「車」（即家庭目標）的速度逐漸慢下來。這是由於大家的希望點、盼望點並不一樣。所以，我們需要在一起談一談彼此的展望。這樣的一種形式叫作家庭展望會議，有時候在家庭治療當中，這個會議甚至是家庭作業的一部分。

所謂作業，就是你必須選擇合適的時機來進行展望。當我們展望的時候，內在的一些積極力量可能會被逐漸喚醒。所以，「望」的確是有正面的也有負面的。最終，我們需要發掘、發展出自己真正的「望」。它就像是一條高速公路一樣，指引着我們走向一個自在的未來。

我在這本書中分享這些內容，是給大家提供一種希望感。希望感是助人的最重要因素，一個人一旦獲得了希望感，他整個系統都會發生變化。我陪伴過很多人從失望、無望乃至絕望的景況中走出來，我本人也是最大的受益者。

看過這些人生之後，我想説的是：人生真的沒有統一的過法，每一種過法都有可能通向繁盛的人生。所以我希望把這種從很多人那裏獲得的希望感傳遞給各位。

17

無情

本 節 重 點

1. 無情也是一種情緒，但我們有時難以察覺自己的無情。

2. 無情有時候是被迫的，比如精神分裂症中有些情感淡漠的症狀。述情障礙
   也是一種被迫無情，表現是找不著合適的詞語表達情緒。

3. 「主動」無情，一般是無意識地或有意識地壓制自己的情緒，通常是為了
   保護自己。

4. 「主動」的無情很容易讓人在中年或某個人生階段發生情緒危機，因為情
   緒是人格的養分，壓抑十分容易導致爆發。

5. 大家要學會體驗自己的情緒，讓情緒自由流動，做個「有情」人。

　　要講無情，這很奇怪，難道無情是一種情嗎？我們不都是講「人非草
木，孰能無情」嗎？難道不是只有草木才是無情的？其實沒有情緒，也是
一種情緒。

無情的狀態

在諮詢工作當中，我們非常注重來訪者的情緒。很多時候，我們問來訪者：「你是甚麼感受呢？這件事情讓你感到甚麼呢？」你會發現這個問題不是那麼容易回答。有些來訪者對於這樣的問題感到迷惑，甚至對你問這樣的問題感到氣憤：「你為甚麼老問這樣的問題？！」這時候他的情緒就出來了。

很多時候，我們對於自己的情緒也就是一種混混沌沌、說不清的感覺。相對那些比較鮮明的情緒狀態，比如喜、怒、哀、樂，這樣的狀態更常見。很多時候，我們的情緒就像以前電視沒有信號時出現的雪花點一樣，或是收音機裏的白噪聲一樣。你說雪花點裏邊在放着甚麼節目呢？甚麼都沒有。無情的確是一種主觀可體驗到的，並非罕見的情緒情感狀態。

有一些無情是被迫的。怎麼被迫的呢？有一些神經、氣質、生理等方面的原因。一般來說，像精神分裂症，如果是陰性症狀的話，有一個表現是情感淡漠。你同這個人聊天會覺得很難聊得下去。

這就像是乒乓球一樣，你發球，但是對方不還球，這球就打不下去了。當然，對這一類群體，我猜想諸位讀者應該不那麼熟悉。

　　在被社會界定的正常人間的聊天總是有情緒的流動，你能夠感覺到對方的情緒。有時候通過非語言信息，情緒也在不間斷地表達。但是在我剛剛所說的這種情感淡漠的情形中，你會發現對方真的沒有情緒的流動。

「無情緒」障礙

　　生活當中有一類人，他們可能有一些分裂型或者分裂樣的人格障礙異常。這類人雖然整體功能大致正常，但是在情感方面，會像我剛剛所說的精神分裂症的陰性症狀，是情感淡漠的。如果我們對他們的大腦做研究的話，會發現他們與情緒相關的腦區出現了異常。當然很多的腦機制現在還沒有被研究透徹。

有一種情況跟我剛剛所說的都不一樣，我把它放在「被迫無情」裏，這種疾病叫作述情障礙。有這種障礙的人是有情緒的，但是他找不着合適的詞語表達，很多人，哪怕並不符合病理性的診斷標準，但很多情況下，在表達自己的情緒時存在着一些障礙。

還有些人整體上沒有述情障礙，但是談到某些與他的情結或者創傷相關的事情時，他就進入一種無情的狀態。這種無情狀態我把它叫作「主動」的無情狀態，這裏的主動是打了引號的，因為這不一定是當事人有意識的選擇。

情緒這東西，的確會產生一些煩惱，煩惱太大時，人會自己想辦法。想甚麼辦法呢？斬草除根。「我不讓自己體驗任何情緒，我就這麼按部就班地過日子，該怎樣就怎樣，情緒的部分我不體驗、不去想。誰要跟我提，或者有意要使我感受到這部分，我就要迴避他。」這是一種「主動」的無情。這個主動是需要加引號的。因為對情緒的壓抑是無意識的，你根本沒有留意到自己對情緒和情感的壓抑。比方說一個男孩子可能會壓抑對父親的負面情緒，比如我們在前邊所講過的嫉妒。這男孩甚至可能還會反向形成：我不是對父親有一些敵意，相反我特別尊敬他。這些都是無意識裏的策劃。

反向形成：把無意識之中不能接受的慾望和衝動轉化為意識中的相反行為。

壓抑情緒引發無情

還有一種壓抑的意識化程度比較高，它不叫壓抑，叫壓制。在壓制的時候，我們的確知道自己在壓制。為甚麼要壓制呢？這與社會文化對於情緒和情感有着不正確的態度有關：好像情緒總是與混亂、弱小、不成熟、偏女性化的事情相關。這樣並不利於一個人很高效地生產某些東西。所以我們在很多時候，都要求人要情緒穩定。甚麼叫情緒穩定？沒有情緒就最穩定了。

這種大的文化氣氛，影響了家庭的教養方式，形成一種讓男孩子潛移默化地「去情」的教育。所以他長大後就自然地形成一種感覺：「我沒甚麼感受，沒甚麼情緒，我情緒特別穩定。」其實不一定是這樣的。我留意到一些人在中年危機裏，會出現情感、情緒的大爆發。有時候，這些大爆發是以某種焦慮症或者抑鬱症的形式發作了，有時候，大爆發會體現在夢裏，夢是我們日常意識的一種補償，這是榮格的說法。你在日常生活當中情緒體驗得愈少，你在夢裏的情感體驗就愈豐富，或者說混亂。

還有一種情況：中年危機裏的人的情緒是穩定的，但是他身邊的人，比方說他的伴侶、孩子在情感方面卻變得非常過量。如果從一個系統的角度考慮，那就是身邊人的情感在為他的無情進行配重、平衡。所以他也被別人的情緒所困擾，他就不得不面對自己內心的確有情緒、有苦惱這件事情。

無法擁有自己的情感，選擇壓抑的人，他們的人生上半場，可能有很多世俗意義上的成功。因為想得少、體驗得少，所以效率就高。但由於他採用太多的壓抑和壓制來對待自己的情緒和情感，他的人格沒得到充分滋養。

多情的理想狀態

我們的人格其實是多情才好，多情而不濫情。擁有一系列情緒，五彩斑斕，如彩虹般，這樣一個人的內在就會豐富。人可以說是有情眾生裏非常重

> 我們要認可自己作為一種情感的動物，甚至要優先於認可我們作為一種理智的動物。

要的一類。所以有情的確是我們的特點。

還有一種情形與創傷有關，不是壓抑，不是壓制。經歷了創傷的人，他會體驗到一種情緒很大的發作。比方説驚恐、焦慮、憤怒、脆弱、絕望，這樣的情感突然襲來的時候，會淹沒我們的心智。這時候，我們可能會在創傷所帶來的傷口周圍打「麻醉針」，不再感受與之相關的情緒，這種無情可能帶來很深遠的負面影響：在這個創傷的周圍就形成了一環、二環、三環、四環。慢慢地，不能感受自己的情感，不允許體驗自己的情感，這個環越來越大，他生命的火焰慢慢就黯淡下來。

我們很多時候的理智作為，受着你所沒有察覺到的情感的影響。一般來説，一個人日常狀態下很難發現這樣的影響。由於我天天與人這一部分打交道，對於這樣的影響，認識得實在太多了。所以，我們要有一種「我要做一個有情的人，我要使前面所講的這些情緒都能夠充分地發展」的狀態。當情緒都充分發展的時候，它自然就是一種均衡的流動的狀態。

18

在情緒中活得自在

本 節 重 點

1. 如果因為情緒或壓抑情緒而不自在的話，出路不在於隔離，而在於轉化和整合。

2. 先轉化——去接觸情緒，並且確認自己的情緒，明白哪些情緒是「屬於」自己。

3. 再整合——情緒會穿越我們，讓我們有所體驗，但是，情緒本身是自由來去的，並不真正屬於我們。我們既不被情緒定義，也不是情緒能定義的。

4. 我們為情緒負責的同時，不必強硬追求做情緒的主人。

　　這一節是對整個情緒部分的總結，也是對如何在情緒中獲得自在的一個導論。看到這裏，大家對於情緒是怎麼一回事，情緒有甚麼作用，甚麼是原始情緒，甚麼是次級情緒，甚麼是工具性情緒，有一些印象了。那如何在這些情緒當中獲得自在呢？

夢的解釋

我的一個來訪者，他每次做夢都是灰色的。這倒不是說大家一定要做彩色的夢，很多人的夢也是沒有顏色的。但是他的夢在心境層面是一種灰濛濛的。除了這些夢之外，這位來訪者在日常生活當中很多方面，包括他的情緒都是很不錯的。但是由於反覆地做這樣一種夢，就讓他隱隱地覺得事情不這麼簡單。

有一部分他所不知道的自己，通過夢的方式來向他展現、傳遞。這個人有很多的悲傷、孤獨感。這種悲傷和孤獨感並非來自他當前的生活，而是來自他早年的生活。由於從來沒有被接觸，沒有被充分認可，所以這部分沒有整合到整體人格當中。

在一個相當長的諮詢過程中，這一部分慢慢地就呈現出來。這個人感受到自己的確有很多悲傷。大家可以想象，一個生活中方方面面都不錯的人，讓他體驗自己的悲傷並不是容易的事情。更何況考慮社會文化的因素，最好還是不要體驗負面情緒。

我的另外一位來訪者夢見一個地下室裏放滿了煤氣罐。你們可以體會一下，一個地下室裏放了這麼多煤氣罐，不管你是在地下室裏頭，還是你住在地下室上面，你覺得怕不怕？這就是夢在當事人的晚間生活裏努力地傳遞出的信息：嘿！你是有憤怒的，你的憤怒量很多！你看滿滿一個地下室的煤氣罐，如果它們爆炸的話，可能地上所有的部分都沒有了。

你可以想象，這兩位來訪者，一個在日常生活中很少體驗悲傷和孤獨感，另外一個會想方設法不讓自己體驗任何憤怒。這都限制了他們作為人的生動性。

情緒的處理

對於情緒，我們首先做的是淨化、隔離、放棄的工作。在早年間，我們的心智不成熟，所以可能沒有辦法處理、整合這麼多的悲傷和憤怒。我們把這些情緒封存起來了，隔離開了，放到一個「保險箱」裏，放到一個「安全島」裏，或者放到一個「無人區」裏。這種做法儘管並非完美，但的確幫助很多人在比較脆弱的時代克服了人生當中的難過時刻。

但是這一部分還會在夢中呈現出來，這又為當事人帶來一定的煩惱。偶爾做一個灰色的夢，那倒也沒有關係。可這樣的夢，像陰天一樣的夢，一而再再而三地做，我相信大家都會認為這是一個信號，要引起人的注意，使得人比較掛心，掛心才有可能去探索。

你們可以看一看自己做過甚麼樣的夢，尤其是那些不斷重複做的夢，比方說從高處墜落、飛翔、考試，尤其是高考。這種不斷做着的夢裏頭，一定有密度很高的情緒。這些情緒的出路在哪裏？出路就在於轉化。要轉化情緒，首先我們要接觸到情緒。

如果你做一個夢，但是這個夢讓你不悅，你可能會動員前面所提到過的壓抑機制，讓這個夢忘到九霄雲外了。與夢有關的情感，伴隨着這個夢的遺忘，看起來像是消散了。

如果你能夠記得這個夢，説明你對於這個夢當中的情感有一種點對點的接觸。自己應該怎樣去做呢？在一種比較好的、不受打擾的、安靜的、心情相對舒緩放鬆的情況下，你可以好好地走近乃至走進這樣的一個夢。

你好好體會一下：

1. 當我想到這個夢的時候，有甚麼樣的感受？
2. 當我回憶這個夢當中的某些情節的時候，它勾連起了哪些感受？
3. 這種感受讓我的身體有怎樣的變化？
這時候，經由這種接觸而不斷地進行確認。

承認情緒

在我們的臨床工作當中，無非就是幫助人不斷地進行確認：你感覺到悲傷，那你能不能説説這是一種怎樣的悲傷呢？你悲傷的時候，你的身體會有甚麼樣的感覺？會出現怎樣的畫面？腦內想起甚麼樣的語句？這些問題都是在幫助來訪者不斷確認複雜的情緒。

當確認到一定程度，來訪者就會知道這種情緒並不僅僅屬於夢或者他人，更多是屬於自己的。這時候，情緒就被整合到「我」的裏頭了。

一個東西在外面煩擾你，當然不會讓你自在。如果你非常確定一個東西是你的一部分，你的胳膊、腿會使你覺得難過、煩惱嗎？一些人被自己的影

子嚇倒，那是由於他不知道這個影子是自己的，所以，諸種轉化無非是使得一個人能夠認可：這個情緒是我，那個情緒也是我。哪怕情緒和情緒之間存在着不一致和矛盾，我擁有複雜的情緒，矛盾也是我的。説到這兒，就要達到一種比較高層的整合了。

整合不一定要整成某種具體的樣子或實體，天上的雲，如同我們的情緒一樣，當我們體會認識到它屬於天空，它就是自在的。你不會因為某朵雲而煩惱不已。當你走進一片樹林，可以看到很多樹是不一樣的。這個樹林也不屬於你，當你在裏面走，你就會看到不同的景色。即使同一棵樹，你圍着它轉一圈，也會看到不同的東西，情緒也是這樣的。它們就像天上的雲、林中的樹一樣，它不是屬於我們，而是它們本身自發自在的。

如果把這個道理想通了，的確能省好多事。這個憤怒是你的嗎？你能不能從現在開始憤怒到死呢？不能。你會發現你捉不住它，它會來來去去。開心的時候也是這樣，「我好開心，我要讓世界知道我這麼開心，我要永遠開心」。當你這樣的時候，你是在試圖把這種情緒納入自我的領地，這其實徒增煩惱。

自我與情緒

我們此前談到苦的時候已經説過，我們的苦就是沒有得到的時候，想要之苦；得到的時候，害怕失去之苦；失去之後，思念之苦。如果你非要認可這個喜一定是自己的，那你就在苦當中不能自拔了。

我們在前期整合的時候，看起來把各種情緒都聯結到自我，我有這我有那，我有這和那的不同；而在最後的整合階段，至少在形式上好像又發生了一個逆轉，這不是我，那也不是我。

情緒

　　這些情緒都可以穿越我。當我被「喜」穿越的時候，我體驗到喜；當我被「怒」穿越的時候，我體驗到怒；當我被「無情」穿越的時候，此刻真的好像沒有甚麼感受。但這些東西來來去去，我們既不會永遠地「喜」，也不會永遠地「怒」。

　　我們要意識到，對於情緒，我們需要對它負責，需要整合它，同時又不必做它的主人。你妄想做它的主人，結果反倒成了它的奴隸。你可能擁有一個很大很大的自我，但如果這個自我處於奴隸的位置，你沒有辦法獲得自在。自在終究是一件值得追求的事情。

自在教室：
細看情緒變化

1. 觀察體會雲朵的變化，白雲和烏雲都可以。

日期	觀察雲之前的感受	觀察雲之後的感受

2. 建立自己的情緒筆記。當感覺到哀傷並且產生一些「自己不夠好」的想法時，記錄自己的心理感受。

日期	發生了甚麼讓我哀傷的事情	我的心理感受

3. 覺察自己的嫉妒和羨慕。

目標人物	我的感情是羨慕還是嫉妒	這個人的甚麼事情或者條件引發了我的情緒	備註

4. 找一個合適的時間，邀請家庭成員進行家庭展望會議。

家庭成員	對自己的展望	對家庭的展望
自己		
伴侶		
孩子		

5. 分析自己記得比較清晰的一個夢。當你想到這個夢的時候，你有甚麼感受？當你回憶這個夢當中的某些情節的時候，它勾連起了哪些感受？這種感受讓你的身體有怎樣的變化？

夢的內容	
想到這個夢，我有哪些感受	
哪些情節給我帶來特殊的感受	
描述這種特殊的感受	
這種感受讓我的身體有怎樣的變化	

單元 **四**

六慾與自在

　　我們要與我們內在的慾望接觸、認可、聯結，繼而把它整合到整體人格當中。這樣，我們的整體人格會變得越來越豐富、越來越有動態性。

19

慾望推動着我們

 本 節 重 點

1. 我們產生情緒，背後一定有慾望的動力。

2. 當內在產生衝突時，內心是存在着兩種相互對抗的慾望的。

3. 慾望是一種生命力、一種生命的能量，同時也可能使我們受折磨。

4. 我們可以保有慾望，同時不縱慾，讓慾望自然而然地來去，成為生活中的推動力。

講完情的部分，我們接下來走進慾的環節。

情跟慾總是在一起的，它們之間有怎樣的關係？有情的地方必有慾。它們兩個可以說一個是動能，一個是勢能，是密不可分的。一般來說，當我們的慾望被滿足的時候，就會產生積極的情緒；當我們的慾望得不到滿足的時候，就會產生消極的情緒。我們只要產生情緒，背後一定有慾望的動力。

慾望之必要

我希望大家都是有情的人，尤其是當講了情的部分之後，你們應該知道，哪怕連無情也是一種情。人不光是情緒的動物，也是慾望的動物。

我們要認清慾望的真相，要有理智上的認清，理智上的認清不是很難。但是當我們真實地處理慾望的真相時，這跟理智上的認清是大不一樣的。

我們不想知道慾望的真相，因為一旦對它的真相有稍稍的了解，我們就知道自己並非自己的主人。而且我們內心並不是一塊鐵板，不是你想象中的那種完整主體。

每當內心產生衝突的時候，肯定存在着一對相互對抗的慾望，比方說，對於這本書，可能是想看又不想看。當你體驗到衝突的時候，很自然地，衝突的兩側一定有一對慾望。

慾望是如此無所不在，我們的生命可以說是被慾望所推動、支配的。就像我們此前談到的三種苦，當你沒有某物的時候，你會想要，這就是一種慾望。當你擁有之後，你希望跟它是一體的，它永遠屬於你，與你聯結，這不也是一種慾望嗎？當失去之後，你又非常懷念，你希望重新得到，這還是慾望。

慾望帶來生命力

我們經常會把愛和慾放在一起。關於人有多愛對方這件事情，我們以最簡單，也是大家最樂意了解的愛情為例。很多過來人都知道，兩人相愛，不一定是因為「愛對方」，也可以是愛「自己在這種情況下的狀態」，我這樣的狀態有甚麼好呢？這樣的狀態有很大的動能，它會讓人感覺到自己是活着的。

有些人每段戀愛之間沒有任何空窗期。「空窗期」的說法是我從來訪者那裏聽來的。他彷彿在離開這艘船之前一定要抓緊另外一艘船。就像是一件生死攸關的事情，慾望的火焰一定不能熄滅！他要在這裏點着，等這裏差不多的時候要馬上為它續火。

人很多時候都是愛着自己的慾望。為甚麼我們很難在無聊當中待着呢？因為無聊的時候你感覺自己沒有慾望，沒有慾望的時候，你感覺自己內在是一種死寂的狀態，誰會喜歡死寂的狀態呢？

你別看有些人在朋友圈裏寫，參加了一個甚麼禪修營閉關，回來之後感覺心裏好明亮，一點雜念都沒有。如果你告訴他這條路最終將通向沒有慾望的地方，估計很多人都被嚇死了——「天哪，我愛吃的肉還沒有吃，想見的人還沒有見」。

我們之所以活着，是慾望的火焰在不斷燃燒。每一個火焰燃燒的瞬間，就是這個火焰下一個燃燒的瞬間的重要緣起。這個不難理解，如果你點一支蠟燭，在沒風的情況下，只要點一下，接下來不用你再點了。我們人生有些時候做出一些舉動，比方說戀愛、旅遊，甚至與人爭執，就是把自己這個蠟燭燃點，把蠟燭點燃，的確使得生命的一部分轉化為光亮，照亮人生。所以，慾望可以產生智慧，要不然我們為甚麼需要保持一定的慾望呢？連求知慾也是一種慾望，慾望使我們活着，或者使我們有一種活着的感覺。

我剛剛說的似乎都是慾望的積極面：它是一種生命力、一種生命的能量。它的消極面也很多。很多人被自己的慾望折磨。他們在日常生活當中還是處於比較正常的狀態，但是他內心裏受着煎熬。

傳統思想下的慾望

有一來訪者個是佛教徒，他非常難為情地告訴我，他電腦裏既有一些色情的影片，又有一些佛經。這讓他覺得非常不安，只好把這些東西放到兩個硬盤裏，但放在兩個硬盤裏還是不安。他被這種相沖的慾望折磨得很痛苦。

很多人內心都會有類似的折磨。我們的確不能像動物一樣，我們一方面要成為人，另一方面需要保持一定的動物天性。如果沒有一些動物基本的慾望，那人類也要完蛋，所以在各種文化當中，都做了一些頂層設計：如何讓慾望既不是那種爆炸式的燃燒，也不是枯木死灰。

我們的思想源頭裏，比如儒家，是允許人有正常慾望的。比方說食慾、性慾，包括一些追求權力、自我實現的慾望。這些在儒家裏都有合理的位置。《易經》是儒家跟道家的共同經典。哪怕你不是很懂，但通讀一遍，你一定會有所收穫。很多地方會提醒你不能太過，所以發展出一些「禮」來控制慾望。這一套「禮」的系統仍然存在於我們的生活裏。

我有一位來訪者，她好幾年時間都不談任何與性相關的話題。但她有一次談到了對一個同事有些好感，我想我終於有機會可以澄清這一部分了。我就問她：「你對這位男士有沒有一些好感？或者一些戀愛方面的想法？」我的來訪者突然面色大變，告訴我：「那怎麼行，不守婦道！」這個「婦道」的部分來自儒家，但在來訪者這裏已經很僵化了。

　　道家對慾望的態度就是自然的。道家以及後來的道教，提倡自然而然。所以它沒有非常強調禮教，但是也不主張縱慾。道家思想認為，你如果有慾，你就用；如果你沒有，你不要妄動。還通過一系列的修煉，使得你的慾望體系不枯竭。這樣一來你的生命能量就會源源不斷。

　　原本來自印度，後來進入中土的佛教，它對於慾望的態度則比較複雜。在最根本的層面上，佛教當然承認慾望是苦的來源。但是對於如何祛除這苦的來源，佛教的不同分支有不同理解。在一些分支當中，非常強調禁慾的重要性，尤其是對於出家修行的人；而有一些相對較晚的分支，就整合了其他的思想，它對於慾望有一種要面對、要整合的態度。比方說非常重要的就是性慾和攻擊慾。這兩部分慾望儘管帶來很多煩惱、不自在，但它們的本質是生命的能量。為了使生命能量能夠均衡，在這些教派裏，也主張整合性慾和攻擊慾。

這跟精神分析以及分析心理學的體系比較相應。總體而言，精神分析對慾望並沒有採取過分禁止的態度。弗洛伊德自己也說，一個人健康的標誌就是又能夠愛又能夠工作。從這個意義上來說，愛跟工作都是需要慾望來推動。慾望推動着我們的人生，我們的人生軌跡就是我們慾望體系的一個展現。

20

食慾

本 節 重 點

1. 食慾是最為基礎的慾望。

2. 在精神分析理論中，口慾期對我們的人格奠基有很重要的作用，我們對母親乳房、乳汁的依賴能解釋我們成人後的一些依賴行為。

3. 用正念的方式吃，有利於我們理解自己與食慾之間的關係。

　　食慾是我最愛談的一種慾望，我把它放在第一位。俗話說「民以食為天」，這個天都塌了，還怎麼得了？甚麼時候看到缸中有米，這日子也就踏實了。

嬰兒期的食慾

　　我們之所以能夠生存下來，吃的確太重要了。性也很重要，但是跟吃相比，不管怎樣都要放到吃的後頭了。在精神分析的理論裏，也把與吃有關的口慾期放到了最早期，也是最基礎的地位。

　　我當然不能假定大家都讀了有關精神分析方面的書，所以在這裏就稍稍把口慾期這個道理說清楚，有利於我們理解日常生活當中很多現象。你有沒有發現，有些人對某些物、人或者抽象的東西的依賴非常強韌、非常堅定。

　　這種依賴，有點像我們在嬰兒時期對於媽媽乳房的依賴。

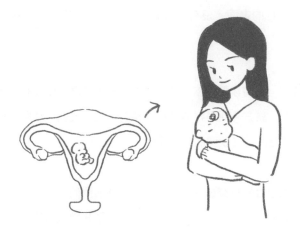

　　我們跟母親之間的哺乳聯結代替了子宮內臍帶的聯結，這種聯結又努力保證嬰兒處於一種內在非常穩定的狀態。那就是該有的營養都有，該排出的廢物都排出，這就是我們一開始對母親乳房的態度。

　　這個階段的官方術語叫作口慾期依賴，我們對於生活當中很多事情具有類似的態度。我們緊咬着某些東西不放，當然這個「咬」是一種比較隱喻的說法。這個時期，我們對於所依賴的對象的態度是：你是好的，所以我需要

你。就像是一段關係中的兩個人一樣，你是好的，我需要「吸」你。

口腔是接觸世界的窗

當嬰兒長出牙之後，就不是純粹的口慾期依賴了。古語有云，「蚓無爪牙之利」。爪牙對於很多動物而言是一種武器，人也有這樣的武器，但是我們的武器不厲害。對於一個嬰兒而言，他的牙齒是一件派得上用場的東西。做過媽媽的人都知道，有些時候孩子咬乳房，好像不是為了確認乳房在不在，而真的是有點洩恨的感覺。如果他感覺糟，那麼通過咬你，他的壞感覺就會神奇地排到你這邊。

這種對待世界的態度就是一種施虐。當然這是術語，不用一聽施虐立馬就想成一些吊打的畫面。沒有那麼嚴重，這只是我們對於外在世界的一種態度。

我們會看到，有時候熱戀當中的男女對對方的態度在依賴和施虐之間，非常快速地切換。對方時而是好的食物，時而是壞的食物。理解這些人際關係都是從食慾開始的，從我們的口慾開始。

我們一開始跟世界打交道的方式是通過口唇。我們世界的全部，一開始也就是口唇所能夠達到的地方。這一部分，構成了我們人格的核心。所以提倡母乳餵養，的確是一件重要的事情。從生理學而言，乳汁的確包含了必要的東西。在餵養的時候，母親的態度都伴隨着這很好的乳汁，流到孩子的身體，也流到孩子的心裏。這個階段叫作口慾期，口慾期對於精神病理的解析有着非常基礎性的作用。

食慾帶來的精神狀態

早年經歷就是我們與食物的關係。一些人在這個階段有問題，於是他

在人格當中就會有很多的口慾期依賴，甚至達到一種非常誇張的程度，就是「我要把你吞掉」。有時候兩小口吵架，其中有一方會有「你這是要吃了我嗎」的感覺，這些人的人格當中有這樣的特點，他就有「吞」的特質。不一定是吞飯，他不一定是非常貪吃，但他可能會囤貨在家裏。反正天天買東西，把這些東西買回來，哪怕不用，只要把它象徵性地放到嘴裏咬着，安全感就來了。

　　有些人囤錢，有些人囤別人的讚美，這些都是一種口慾，把某些東西作為重要的食物，有不斷地將之吞掉的願望。

　　有些人天天講別人壞話，好像通過嘴能夠毀掉某些東西。這就是我所講的口慾期施虐在人格當中的展現。我們的人格同吃這件事情有莫大的關係，尤其是對於中國人來說。中國有一種吃的文化，外國朋友到了中國會覺得大開眼界，比如有些地方，村頭到村尾，某種東西的做法就不一樣，甚至一條街都不一樣。我們好像把世界的美充分地體現在食物上，食物的色香味，一定要上佳。當我們吃的時候，宇宙萬物、天地精華都通過食物進到我們的身心。這就是一種自我療癒。吃不僅是攝取營養，有些時候可能吃進來的也不是營養，它還代表着從外界攝取了某些東西，進到了一個空虛的身體裏。

在正常情況下，很多人都會通過食物來自我療癒。有些含糖量很高的食物，為甚麼吃了之後讓我們感覺舒服一點呢？好像穩定了血糖濃度，我們感覺某一種威脅生命的危險暫時沒有了。但這種依賴達到病理性的時候，它可能會發展成暴食症。我簡單提示各位，這可能是一種精神心理的障礙，而且它會帶來一些後果，所以要留心。

　　有一類來訪者會説：「當我難受的時候，特空虛的時候，我就想大吃一頓。當這些東西吃到我身體裏的時候，我就感覺被慢慢填滿了。好像一個洩了氣的東西重新充了氣，能夠站起來了。」我們對於食物的態度，就通過這種自我療癒的行為表現出來了。

　　當我們對這個世界的態度變得厭棄，我們就不敢從中攝取任何東西了。這時候，我們不光對食物失去了興趣，好像對整個世界都產生了一種厭煩、排斥。我們不光不想吃食物，也不想「吃」人際關係，也不想「吃」新的思想。這時候，我們對世界有一種拒絕的感覺。這種拒絕的感覺，也是來自我們食慾當中非常早期而深刻的部分。可以説，吃包含了我們人格的很多「遺跡」，很多活化石般的東西。也正因為這樣，我們可以利用吃這件事情來改善自己。

進食的正念訓練

　　有一種減壓方法叫作「正念減壓」。正念減壓通常有一個訓練叫作葡萄乾正念。這聽起來蠻奇怪的，就是非常充分、帶有高度覺知地去吃一顆葡萄乾。大家不用特別介意是不是一定要吃葡萄乾，這些是次要的。這個訓練就

是告訴你，當你在吃的時候，你要好好地、非常有覺知地體會你吃的這個過程。這個過程有很多好處和方便，由於我們都願意吃，每天都要吃，所以對吃的觀察很容易找到對象。

一些人會吃得狼吞虎嚥，這不是他本人的食慾在發揮作用。很多時候，這是一種童年期父母的要求：「你必須快！要吃得快！」這樣的慾望在隔着時空發揮作用。他本人吃得雖然快，但是沒有好好品嘗，當他學會正念吃的時候，才知道生活的美味。

利用吃葡萄乾這件事情，建立起對吃的一種覺知。深刻了解我們的食慾和我們食慾被滿足的過程中的身心反應，有利於理解我們對這個世界的態度。因為這個世界一開始跟我們的關係，就是吃與被吃的關係。

21

性慾

1. 性慾有很強的生物學屬性，跟我們的繁衍密切相關。

2. 性慾有心理層面的屬性，女性一般容易在性慾中收穫融合的快樂，而男性一般容易在性慾中釋放攻擊性甚至支配慾。融合感和毀滅感都伴隨着自我感的短暫消失。

3. 性慾也有社會層面的屬性，宣揚慾望的釋放有利於促進人們消費，使社會總資本增加。

4. 如果是單純地使一種慾望充分張揚，會容易帶來不平衡和衝突，使人不自在。

　　談到性，性慾實在是太重要了。人類是有性生殖的產物。有性生殖，從非常簡單的酵母就已經開始。從像酵母一般的祖宗到你，中間關於性的環節只要斷上半環，你就不存在了。所以在生命之鏈中，如果誰想忽略或者否認性慾，其實是很荒唐的事。

性慾乃原始慾望

首先，性慾有很強的生物學屬性。性慾一定與肉身相關。在肉身裏頭，運行着我們的荷爾蒙系統，荷爾蒙會在我們人生的某個階段開啟性慾的篇章。

以前趙忠祥老師解説的《動物世界》提到「又到了大地回春、萬物交配的季節」。很多哺乳動物是有發情期的。與哺乳動物不一樣，人沒有發情期，人一年 365 天都可以當發情期。所有節日，除了清明，都可以跟性掛鉤。人類的性慾幾乎是無窮無盡，好像上天在「設計」人的時候，給性慾的部分留下巨大的空間可供操作。這是怎麼一回事呢？

我想，這應該還是與人類的繁衍相關。人類不可能像其他哺乳動物一樣，一胎可能有四隻小貓、十隻豬，人類生四胞胎已經不得了，一般只能一個一個生，而且人的妊娠期很長。按照生態學的理論，我們要維持足夠的種群密度。如果一年只有一個發情期，或者是自發形成一夫一妻的結構，種群估計要完蛋。當然，這是指生物層面，大家不要把這個意思聽歪了。

我們應該會覺得，在性當中，男女雙方看重的都是與美有關的屬性。可是，美裏頭實在是太有生物學的意味，儘管有這樣的慾望，你也知道如何行使這樣的慾望，可是你不太能夠想清楚慾望背後的算法。

原始慾望的演化

女性的腰臀比是一件與美有關的事情，可是它也與生殖力掛鉤；對於男性而言也有很多指標，這些指標還不僅僅是體格方面的。

有一個詞來自進化心理學，叫作「親本投資」。一個女性不光要看對方基因怎樣，還要看對方願意在基因上投資多少，所以要反覆試驗對方是否可靠。

如果他只是配合生下孩子，這個孩子沒有被成功地養到性成熟期，那這家的基因就不會再增加新的拷貝數。這一期的生殖就「無效」。在我們性的慾望背後彷彿有很多「天的想法」，使得性慾當中的人感覺身不由己，但身不由己的背後其實有算法。

其次是心理層面。對於性慾的心理學，精神分析流派知道的實在太多了。相比其他流派，精神分析的臨床可以説「又黃又暴力」。臨床當中經常會聽到與性、性慾、性幻想、性行為、性關係有關的話題。

從心理動力學的層面來看性的話，它的內容極其豐富。你會發現有些人在性慾的達成當中獲得一種融合的快樂。一般而言，女性有此種快樂居多。而男性性慾背後可能是一種攻擊性，或者説得難聽一點，可能是一種支配慾、掌控感。當然，在比較極端的情形下，它可以是極具施虐性，乃至導向毀滅。

無論是融合感還是毀滅感，都會伴隨自我感短暫消失。為甚麼在一場性愛過後人會感到放鬆？因為在性高潮階段，這個自我就不存在了。在性之外的空間裏，你想方設法地維持你的自我；在性當中無論是融合還是毀滅，自我都會暫時放下。

這是與一種更大的狀態聯結。這種更大的狀態屬於自在體系的一部分。這個時候，人與某種更大的純粹體驗聯結，是一種自在狀態。

性衍生的心理狀況

我們在臨床上反覆地聽，就會發現，在性裏頭追求的是一種剩餘價值。除了性快樂之外，它有剩餘價值。通過純粹的自慰，男性跟女性都能夠達到性高潮。我們為甚麼要同另外一個人一起做愛？這也是一種非常原始與人合作的方式。很多人在性行為上出問題，也反映出他在合作這件事情上有障礙，可見性慾背後有很多性之外的東西。

在有些人的性幻想裏，對方只是某種慾望的即時滿足，他不必是一個人。儘管是跟人在做愛，但是對方最好是一件很高級的、有溫度的玩具。這種情況，從精神分析的客體關係理論來看，是處於「部分客體」的時期。

但是，很多人在完整客體的聯結裏體驗到另一層的焦慮。這說起來有點複雜，可能存在着一些亂倫焦慮。亂倫焦慮說得直白一點，就是男性會在無

意識層面覺得自己的性愛對象就是母親。女性而言則是父親。所以他們儘管享受親密，但這個親密不是情侶之間的親密，是一種親子間的親密。到了性這個階段，一下子就卡在性慾上，這將會喚起非常強的焦慮。這也導致一些人在婚姻裏沒有辦法享受性。而在婚姻外的性關係裏，也就是俗稱的出軌，對應的那種「部分客體」才能使他享受性高潮。這種情況我們在臨床上是屢見不鮮的。

有些人能夠在性行為當中體驗到自己與另外一個人有非常深刻的聯結感。這種情況是與一個「完整的客體」在聯結。通常人在親密關係當中，比較容易有一種與完整客體的聯結感。

由心理延伸至社會

説到心理層面，很自然地就會提到社會層面。你考察整個人類史，你會發現在不同的階段、不同的時期、不同的民族、不同的區域，對於性的態度非常不一樣。

但是在近兩百年，全球對於性慾都存在着一種解放、肯定、張揚、實現的態度。從人類史的角度而言，這來自古希臘。從比較近代的角度而言，它來自資本主義的身體觀、關係觀乃至性慾觀。只有把每個人的性慾都解放出來，人才會不斷地追求自身在性當中獲得的快樂，對不對？

他要獲得快樂，必須生產和消費。一生產和消費，社會總的資本將增加。所以在上層建築層面，必須去除前資本主義社會在性以及個人享受性慾上的種種障礙。很多廣告有很豐富的性暗示，即使一些酒、房產、汽車、衣服等廣告的字裏行間也都在告訴你：性是好的，請盡情地實現你的慾望吧！使得人類的性潛能得到前所未有的張揚。這帶來另外一個問題是：究竟是人「實現」了慾望，還是慾望「實現」了人？後者甚至可以説慾望「使用」了人。

像要把不同形式的情整合在一起一樣，慾是同樣的道理。單純地使一種慾望充分張揚，無論是食慾、性慾，還是權力慾，都會帶來體系的不平衡。體系的不平衡自然會帶來衝突。衝突將使人不得自在。

所以對於慾望，它的解決之道是：成為慾望的主人，並且使慾望的體系整合、平衡。這在性方面格外重要。

22

權力慾

1. 我們可能會借由疾病而獲取權力。

2. 權力跟我們的安全感、歸屬感相關聯,所以會有個人放權來成就集體的
   現象。

3. 一個團體中看起來沒有權力、虛弱的人也很可能是最有權力的人。

4. 我們想不被權力慾所控制,需要覺察哪些權力慾是被塑造的。對自己的
   慾望多一分了解,也就向自在狀態更近一步。

　　說完了性慾,我們來說一說權力慾。

　　權力可以是狹義的、看得見的,比如我們日常所說的「誰手上有權」。
它也可以是一種廣義上的權力,從廣義上而言,我們人人都有權力。在權力
裏其實縈繞着非常多的主題。

生活中的權力鬥爭

你所能夠看到的親子關係，不完全是一種溫情的關係。親子關係裏有非常多的權力爭奪。為甚麼在青春期的時候一些乖寶寶都會變成看起來要毀了、要完了的一代？這其實是開始了一場權力的拔河。所以說親子關係，究其一生都伴隨着權力的鬥爭。

伴侶關係乃至婚姻關係，可以說從一開始到入土，都伴隨着權力鬥爭。可能在熱戀階段沒有這種感覺，這個時候融合感、聯結的慾望佔據了主要地位。從熱戀到婚姻過程當中，可能就不光是兩個人的權力鬥爭，有時候兩個家族都會進行權力鬥爭。

家庭中，無論是縱的親子關係、橫的婚姻關係，還是一個小家庭與一個家族之間，都充滿了權力的鬥爭，背後充滿了追求權力的慾望。

權力的慾望實在是太重要了，它與一個人最基本的生活需要相關聯：依戀、自我效能感，乃至於最高級的自我實現，可以說權力慾滲透在馬斯洛提出的人的需求層次的每一層。

權力慾分佈在我們生活的方方面面，甚至分佈在內心的每一個部分。當我們內心衝突起來的時候，內心的不同部分發生着權力鬥爭。這個權力鬥爭可以由內在變到外界，也可以由外界權力鬥爭影響到內在，但在言語、社會的層面，我們傾向不去談它。好像一個人想擁有權力是不正常的，或者是不應該拿到桌面上來談的。甚至覺得權力慾只屬於英雄，不屬於平民。

東西方權力解讀分野

我在這裏要談一個概念，叫作疾病的獲益。細說起來有原發的和繼發的獲益，但是原發的獲益我很難在這裏說清楚，繼發的獲益比較容易說清楚。

人本主義心理學家亞伯拉罕·馬斯洛提出，人類的需求從基本到高級排列為生理需求、安全需求、社交需求、尊重需求、自我實現的需求。

比如一個還在上學的孩子，他如果患有心理疾病，不管是真的還是裝的，對他而言，他在家庭中的權重就會發生很大的變化。原本父母乃至於爺爺奶奶都對他有權力，但當他生病後，權力的雙方就掉換了，變成孩子擁有權力。他就像被症狀加持一樣。整個家的重心都會向孩子偏移。「我不想上學，我想要甚麼，請給我甚麼。」你會發現對於一個學齡期的、青春期的孩子，他有一條可以獲得權力的康莊大道。

很多家長在這方面非常困惑。為甚麼會這樣呢？可能由於一開始這個權力就是不平衡的，父母把自己當作主人，太重視父母的權力，任何時候跟孩子唇槍舌劍，最後都以「我是你媽還是你是我媽？」「有你這樣對爸爸說話的嗎？」這類話祭出撒手鐧。

我們深受儒家文化所影響的家庭教養方式，賦予了父母這樣的權力。擱在今天，你很難相信、很難想象在漫長的古代，父母對孩子有怎樣的權力。

今天，由儒家文化所賦予父母的權力，很大程度上被削弱了，被來自西方的教育影響所削弱了。

對於這一代人而言，如果他想擁有權力的話，他可以聲稱是站在西方文化這一邊的——「我們要平等，你要尊重我」。當他要逃避義務的時候，他又會站到中國文化這邊——「這些都是父母的過錯」。

這種想法，儘管給他帶來虛假的權力感，但最終使自己虛弱，所以並不可取。不過，當他們逐漸進入中年，對這個世界上的種種權力現象了解清楚之後，權力觀自然會發生轉變。

權力微妙互換

在黑猩猩的群體當中，領頭在食物和性對象上面擁有很大的權力。可見我們渴望權力，的確有很強的生物屬性。權力能夠保證我們的基因得到傳遞。接下來這個權力也有可能促使我們產生一種安全的或者歸屬的需求。

這裏頭存在着某種悖論。有一些人會交出自己的權力，他為甚麼要交

出自己的權力？是為了要形成團體。要形成團體的話，大家都交出一部分權力，把權力集中在首領那裏。這樣的話，這個團體所能做的事情，彷彿我間接地通過與團體融合、認同也能做了，我就獲得了一種歸屬感。

這是人類社會很重要的現象，我們會交出權力，以便獲得一種神奇的權力。在人形成家庭的過程當中，在親密關係裏，至少在形成親密關係的早期，雙方可能都是非常願意放權的：「這個也歸你，那個也歸你，我沒有任何秘密，我整個人都屬你。你具有對我的權力。」

從這裏你就能夠看出在最小的團體——兩個人的伴侶關係上面，就存在着我剛剛所說的動力。所以這種「放權」能夠在更大的團體當中發揮作用，也就不奇怪了。我們要留意，一個人總是說「我這也不行，那也做不到」，你聽到之後可能會覺得「這個人好弱，這個人怎麼一點權力都沒有」。你要考慮，他可能在底層擁有一種通過融合控制別人而獲得的權力。這種權力很巧妙，有時候清官難斷家務事，難就難在這個家族體系當中，看起來最沒有權力的人，有時候擁有着最大的權力。

有些時候你看到一個家庭的受迫害者，會覺得非常可憐。但是如果你看到了真相，這個人沒準擁有最大的權力。有時候我們看一些媒體所報道的事情，只看到了其中一方面，很容易歸因說一個人擁有的權力不夠，但是往往不是這樣的。

梳理權力

權力有明有暗。我們的權力慾，有時候以一種我們根本就不知道的方式，實現了它的目標。

父母對孩子擁有巨大的權力。但是他們應該知道，這個權力只是某種來自「天」的權力在他們身上的實現。倘若他們真的認為「我生了你，就擁有控制你的權力」，到後來他們往往會被孩子反制。

一個家庭中會有一些莫名其妙的情緒，也有一些來路不明的權力慾望。要把這些東西理清，真的很不容易。從我剛剛舉的這些例子，大家就知道，一個人看起來很有權力，但他可能最沒有權力。一個人可能對權力有非常強烈的慾望，可他壓根不知道自己是「被慾望」的對象。就像一隻魚鷹一樣，它不斷地去捉魚，但是不知道它之所以這樣做，是由於有人專門飼養它去這樣做。

如何能夠成為權力慾的主人呢？我們真的要好好捋一捋自己身上這些想擁有的權力，究竟哪些是導向自我實現，哪些純粹是導向別人的實現？想弄清楚這一部分很困難。有時候，為了實現融合以便獲得一種虛假的權力感，我們甚至會交出對自己很重要的權力。

人的內心出現精神心理障礙，是一件好的事情。它會促使這個人思考自己的慾望體系，以便自己重新做自己權力慾望的主人。他想擁有自己，這是一種非常高級的慾望。可以說很少有人能夠認識到它，能夠實現它的人就更少了。

23

聯結慾

1. 人類這個大集體，是靠不斷聯結而產生的。與人聯結不代表脆弱，而是一種能力。

2. 不僅是人類，即使是猴子這類動物，也不僅僅是有食慾等生存慾望，同樣也會有情感聯結的慾望。

3. 我們與他人聯結的原型，通常就是與母親聯結。根據與母親早年的聯結情況，會發展出安全型依戀、迴避型依戀、焦慮型依戀和紊亂型依戀。

4. 生活中的很多麻煩，究其根本是與人聯結的麻煩，我們可以觀察一下自己對人際互動的態度。

　　如果大家能夠回憶起初中化學的話，你們應該知道有化合反應和分解反應。化合反應就是一種聯結的力量。當氫氣在空氣中燃燒，氫原子和空氣中的氧原子就會結合形成水。當然了，水也可以在電解的作用下重新分解成氫氣和氧氣。人類這個集體之所以形成，就是靠不斷地聯結才得以發生。

聯結的原始性

人之所以成為人，很大一個因素是我們跟他人有着各種各樣的關聯。如果一個人在生命的早期跟人聯結不夠，他可能就沒有辦法發展出持續與他人聯結的能力。

與人聯結並不代表一個人弱小或者不足。恰恰相反，與人聯結是一種能力。談到聯結，有廣義的聯結。我們的食慾就是自身與食物聯結，性慾是我們與另外一個人的身體聯結。權力也是聯結。在權力的系統當中，你就會有上線，有下線，此處都是比喻，這些上下線都會讓你感到處於某種聯結當中。

我們着重要談一談與人的情感聯結。有一種人，看起來與別人沒有甚麼情感聯結。例如是自閉症。自閉症有非常嚴重的情形：對他人完全沒有反應，別人在他的世界裏跟一個移動的物體沒有區別。一個人在說有意義的話語，在他聽起來可能跟噪音沒有區別。

在這種極端的情形下，他們看起來對他人沒有任何聯結的慾望。有一些程度較為輕一點，他對於人還是有聯結的慾望，但是他沒有辦法通過社會性學習，學到一種恰如其分的聯結方式，比方他會大吼大叫，或者突然拍打別人。這種不恰當的聯結行為通常在社交情境當中不會得到正向的強化，久而久之，他又不得不退到一個人的世界，所以在極端的病理情形當中，你會看到一些人沒有聯結的慾望。

如果一個人陷入抑鬱狀態中，你也會發現，他與周遭的人聯結減少。在正常的心境到抑鬱心境的轉化過程當中，你會發現一個人的食慾、性慾和權力慾都減退了。他不再那麼喜歡吃東西，對於性愛、社交也沒有興趣，他可能逐漸停止與外在世界交換能量。這時候你會發現，這些慾望逐漸弱化的背後，是一種與世界聯結的慾望逐漸消失。我們要很慎重地看待聯結慾，因為

它是一種非常基礎的慾望。如果這個基礎的慾望受到阻礙，變得弱化乃至消失，就會出現各種各樣病狀和情緒上的困擾。

母親情結

我們與他人聯結的原型就是與自己母親的聯結，也有一些是替代的「母親」。心理學家做過一個實驗——哈洛的猴子實驗。

有兩隻大猴子的模型，一只是鐵絲做的，它有奶瓶；另外一隻沒有奶瓶，但是毛茸茸的，是一個母猴的樣子。小猴在饑餓的情況下，會選擇去鐵絲猴那裏吃一點奶，但是它稍稍吃一點後一定會到毛茸茸的猴子這裏求安慰。這體現的就是一種聯結慾，可能比食慾還要更基礎的與母親聯結的慾望。

在正常情況下，我們對於母親會有一種渴望、友好、接納、共同享受的態度。當母親離開的時候，我們相信她會回來。當她回來的時候，我們相信她依然會愛我們。這樣的相信，使得我們不光對母親有依戀的慾望，對於他人可能也都會有一種自然而然的聯結慾望。你可以想到，這樣的孩子長大之後，能夠比較容易形成一種親密的關係。由於他處於一種「安全型依戀」當中，他對於別人有一種恰如其分的聯結慾望。

但是也有一些孩子，當他母親出去的時候，他可能沒有很明顯的反應，繼續玩自己的。這種情形，跟我剛剛所講的自閉是不一樣的。當母親回來的時候，他可能也會比較漠然地看母親，並不太急於分享。他看起來抑制了對母親的聯結慾望，這樣一種依戀叫作「迴避型依戀」。

另外一種情形是，當母親要離開的時候，他會非常焦慮。他覺得必須加強與母親聯結，才能夠使得母親留在身邊，他沒有辦法自己玩。當母親走後，他處於焦慮的狀態。當母親回來後，他可能會哭泣，因為這時候他內心對母親的態度就沒那麼穩定了，可能有非常強的一種「甚麼也做不了，也沒有辦法同母親回到一種共同玩耍的狀態」的感覺。他可能非常黏母親。

在這種情況下，你就會看到一種可能被過度激活的聯結慾望——「我就是要與你聯結，聯結之後做甚麼我管不著，求你一定要同我聯結上」。這種情形的孩子會非常焦慮，通常這樣的「焦慮型依戀」也能夠感染到他的母親，讓母親沒有辦法再次出去。

除了這兩種不那麼安全的依戀——抑制了的聯結慾與過度激活的聯結慾，還有一類孩子會進入一種特別失控的「紊亂型依戀」。他時而拒絕，時而控制，時而氣憤，完全進入一種紊亂的狀態。這時候，可能他的聯結慾望進入一種忽大忽小、時有時無的狀態。通常，這樣的狀態對於孩子、母親都非常糟糕。所以，我們需要留意自己與外在世界聯結的慾望，很大程度上與我們的第一撫養者母親有關。

社會上的聯結慾

我們需要利用這個依戀的原型來理解成年人聯結慾望的系統。我們會發現，在成年人的親密關係互動裏，經常會出現：如果我發一個短訊，對方沒有回，這個時候內心戲就冒了出來：有些人會格外擔心，設想一些非常極端

的事情發生在對方身上，比方說，對方是不是出車禍了，對方在這個世界上還存不存在。這類人對於他人是不是能夠持續地存在是沒有信任的。他可能跟對方獲得聯繫之後，首先就是確認對方在哪兒，他只要獲得一個定位，好像就跟這個人的聯結已經實現了。他甚至不是那麼關心這個人在做甚麼。

另外一種情形比這種情形好像要高級一點，他會非常擔心對方對自己的態度是不是一如既往地穩定——你是不是仍然重視着我？你愛不愛我？你對我的態度有沒有發生變化？他可能非常在意這個人回信之後的態度，並且非常敏銳地推測：你是不是不想跟我聯結？我是不是不好，覺得跟我聯結是件壞事？接下來他可能就會有一種想象當中的被拋棄感：對方不想跟我聯結了，我接下來該怎麼辦？

這樣的來訪者，有時候可能會出現一種非常悲慘的意象：這個世界裏只有他一個人，所有的人都背對着他，或者所有人都在他身邊走來走去，完全沒有意識到他的存在。他可能會非常自恨，接下來當他遇到心儀對象的時候，他沒有勇氣去聯結。

所以我們同這個世界能夠有一種健康的、不多不少的、比較有彈性的關聯，是與他人能夠有能量、信息和愛的交換的前提。我們要看一看，平時跟人互動的時候，我究竟哪一部分特別渴望對方？當我渴望對方的時候，渴望對方怎樣的態度？然後你再套用我前面所講的四種依戀類型，就可以看到自己與他人的聯結方式了。有些時候，外在的麻煩，說到底只不過是與人聯結的麻煩而已，所以這個問題值得好好思考一番。

24

分離慾

1. 從出生開始，分離也就開始了。

2. 在人生各個階段可能都會出現一些心理問題，我們可以觀察是不是分離
慾的影響。

3. 如果恐懼分離，很可能難以順利進入人生下一階段。

4. 實際上，死亡也不全是壞的，它的存在，意味着分離的結束，某種意義
上是完滿人生必不可缺的。

　　分離慾一定是存在的。如何理解這件事情呢？假設你從 A 地到 B 地，
當你到達 B 地的時候，就跟 B 地聯結了，對不對？但是這個時候，你一定
是與 A 地分離了，要不然你怎麼出得去呢？所以你只要有新的聯結，一定
在不斷地發生着分離。其實成長就是聯結慾和分離慾不斷地共同發揮作用的
過程。

分離的練習

大家在朋友圈中讀到的雞湯文裏頭也會説：成長是不斷地告別。它沒有強調成長是不斷地聯結、不斷地到達、不斷地獲得。

當我們從母體出來，就跟母親的肉體分離了。子宮內的環境實在太完美，哪怕我們都不記得了，但是可以説這是所有幸福感的源頭，因為裏面甚麼都有，就像天堂一樣，你想要的都會有，你的代謝廢物都會被排除。你一天天地長大，直到分娩的時候，與母親就分離了。

在這個時候，你與你獨立的身體、獨自運行的系統聯結的同時，與母親就分開了。一些心理學家會説出生就是一種創傷，所以幾乎所有的孩子出生時都在哭。

接下來他必須繼續分離。比方説，在第一個月內，母親跟孩子之間的相連簡直是子宮內環境的模擬。這個時候，母親全心全意沉浸在新生嬰兒的內在狀態裏，嬰兒所有需求，母親都能神奇地立即滿足他，他完全不需要意識到外在世界的存在。但是過了幾周後，母親的回應便不會是一開始這種完美形式，所以他就要與一開始無比全能的嬰兒感分離。

在這之後，還有一連串的分離。比方説斷奶，斷奶是一件很重要的事情，因為孩子出生前是通過臍帶跟母親聯結，孩子出生後，口腔跟乳房的關係，部分地代替了臍帶的功能。斷奶之後，連這一部分的關聯也沒有了。

那麼，接下來他還要面臨分床、獨自排泄。再長大點，他要獨自爬着去另一個房間，開始走路，進幼兒園。進幼兒園的時候，要面對一個非常陌生的環境。他可能有半天到一整天的時間，沒有辦法見到自己的母親。在這個時候，你能夠在幼兒園的門口看到非常悲傷的、淒慘的孩子的表情。

斷奶意味着甚麼呢？意味着孩子不得不走上獨自的旅程，我們前邊談過食慾，食慾非常深刻的部分，就是在斷奶前後形成。

分離與成長

這種不斷分離，就是不斷產生不連續感。正是因為這種不連續感，我們得以同母親乃至家庭之外的世界越來越多聯結。所以，不斷分離的慾望，就是不斷成長的慾望。我們想與某件事情分離，不完全是一件壞的事情。從大的方面來講，就是不斷個體化的過程。

一開始非常重要的幫派，就是男生和女生的幫派。再接下來，他們會有偶像崇拜的行為。這與幫派行為是聯繫的，因為崇拜同一個偶像的人，自然地就成了一個大的家庭或家族。通過對偶像的強烈認同，進一步拉開了與家庭的距離。一種自然的生長趨勢，使他把「某個家裏的孩子」引向一種模擬的社會。這都是後來社會行為的一個小小訓練。

在過了青春期之後，孩子就要面對高考。通常高考之後他將去到離家比較遠的城市。我們會留意到，有些青少年會在高考前後出現精神心理問題，這是因為他沒有辦法協調分離與聯結的矛盾。他可能對於未來的世界充滿恐懼，沒有辦法與之聯結。也可能家庭存在着某種危機，他是麻煩的解決者，他不放心走，所以他被迫使自己陷於一個「我是家庭當中的孩子，我還不是一個準備走向社會的人」的角色，這就會誘發一種分離慾和聯結慾之間的鬥爭，帶來心理上的問題。

到青春期的時候，我們的分離慾望進一步加強。青春期有哪些重要的特徵呢？青春期會有幫派行為。從此之後，我認定自己的身份並不僅僅我是某某家的孩子、我爸爸是誰，而是我屬於哪個幫派。

在大學裏，很多人都加入社團，會參加一些社會活動。這使他們進一步與更廣泛的世界聯結，同時也與孩子氣的部分分離，為接下來進入婚姻家庭做準備。

原生家庭的分離

如果想婚姻能夠順利地進行，其實要有一個前提：婚姻的雙方與各自的原生家庭分離的程度是夠的。這不代表他們跟原生家庭一副老死不相往來的樣子，或者說隔着大半個地球。他們可以在同一個城市，甚至同一個屋簷下，但是他們內心要有較高程度的分離。

當這種分離比較完善的時候，兩個人在一起就會結成一種比較輕鬆、直接的關係。不然就像一張婚床上躺着六個人。這裏頭的權力鬥爭就不可思議了。

締結家庭之後就會生育。生育之後，我們也是告別自己的孩子身份，只要我們沒有生育，我們可以純然地在一個孩子的狀態。

很多人在這個階段，也會出現一些分離問題。他沒有與這種孩子狀態分離的慾望，或者說對於將要到來的孩子，沒有聯結的勇氣。所以這個時候又會出現一系列問題。如果在這個問題的解決過程當中，人能夠進一步與年輕單身或者未育狀態的自己分離，他的人生就會進入一種更多的聯結狀態當中。

下一代帶來的聯結與分離

人生當中比較有挑戰性的環節，就是「上有老，下有小」的階段。在這個時候，你可能每天都要在不同狀態間切換。當這種切換發生，你更加能夠換位思考，從他人的角度來思考問題。

當這一部分發展目標達到之後，人生進入中年階段，然後又要面臨與自己父母的分離了。雖然有早有晚，但終究會面對的。很多來訪者，由於面對同父母分離的時候，內心還有很多情結沒有修通，就會來諮詢。

當然，最終我們的人生慢慢就進入晚年階段，意味着我們同自己健康的身體也在逐漸分離。生老病死，是一個自然的過程。早晚有一天，你會發現身體越來越壞。這時候，身體雖然並沒有立即進入朽壞的狀態，但也是一個不斷與自己身體告別的過程。

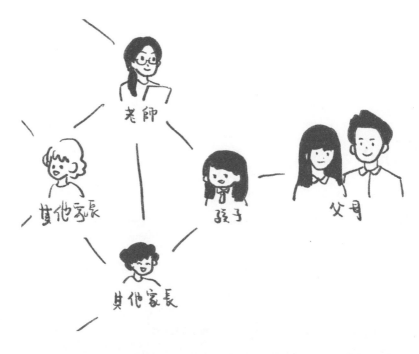

　　當了父母之後，就被嵌入社會的一種基本單元裏頭。由於我們社會的基本單元是家庭，借助這種基本單元，通過孩子的圈子，你又跟其他家長及老師廣泛聯結。從一方面來說，這會使得人生的複雜程度空前增加。從另外一個角度而言，如果你能夠順利地過渡到這個階段，人生的豐富程度也就會比較高。

　　這通常會激發一些中年危機或者老年危機，如果我們能夠克服這些問題，那就可以進入人生一個比較圓滿的階段。在這個時候由於我們的人生變得豐盈，所以對於分離不是特別恐懼了。

　　一個人到死亡的時候，他放下了很多這世間的羈絆，只有在這種情況下，才能夠達到自在的狀態。死亡並不是全然壞的事情，它裏頭包含了一種圓滿、大自在。這個目標很難實現。但是，古往今來的確有很多人實現了這一種大自在。

25

無慾

本 節 重 點

1. 無慾的情況中，不見得是我們達到了真的「無慾無求」的狀態，很可能是我們害怕自己的慾望。

2. 我們會害怕自己的食慾、性慾、權力慾、聯結慾。

3. 無慾的表像下，一般是慾望的蟄伏。

4. 如果對慾望不停地壓抑、壓制，我們的生命自由度會越來越低。

　　看過無情那一節，再來看無慾這一節就會比較容易理解一點。無慾並不是真正達到了大自在的那種程度，而是這些慾望的流動受到了阻礙，使得這個人的生命力沒有辦法體現出來。

　　提到生命力，好像很多人都會覺得這是一件好事。但是生命力的確有它陰影的面向。生命力同時也就意味着某種破壞力。

檢視慾望

慾望既有生命力的部分，又有破壞力的部分，所以很多人對於自己的慾望持害怕的態度。這樣的害怕，有時候是有意識，有時候不是那麼有意識。

但是當「無慾」發生後，你就會發現這個人慢慢就變成一個看起來沒甚麼慾望的人。就像是流行的「佛系」一樣。

為甚麼我們會害怕自己的慾望呢？因為慾望驅使着我們做事情，而驅使本身就是一種苦。如果你意識到的話，你就會發現，在慾望實踐自身的過程當中，這個人本身好像是一個工具一樣。

此前我們談過食慾，有時候，你大口地吃非常好的東西，但是過後你發現自己的肚子很難受，這個時候像是你身體的一部分在渴望這些美餐，但另外的部分在拒絕着。所以從食慾上就能夠看出，我們對於美食不總是歡迎。比較極端的情形就是厭食症。患有厭食症的病人對食物有一種深深的憎惡，這對於比較喜愛美食的人而言，完全無法理解。這就反映出一個人的自毀衝動已經佔據了主流，想殺死自己的慾望佔據了主導地位。

吃是一種非常基本的慾望，我們一旦在自己的生活當中遇到非常重要的事情，讓我們覺得性命攸關的時候，我們在吃的慾望就會相對減少。如果檢視自己的生活，看自己對於美食是否有着適中的慾望，就可以看到我們的身心體系對於外界的接納程度如何。因為這是最基本的攝取能量的方式。

否定性慾

　　其次是性慾，有些人對自己的性慾是否定的，但不見得他們沒有性行為。有時候甚至會走到一個禁慾的反面，他可能有非常多的性行為。但是如果你同他探討這個過程的感受的話，你會發現他缺少與性相關的愉悅。就像我們說過，性裏頭有與他人聯結融合的慾望。如果一個人對於跟別人融合，

　　有些人由於比較強的「道德超我」，會把任何放縱慾望的行為都視為洪水猛獸。他們在日常生活當中非常禁慾。不過，如果你留意他的夢，就會發現他的夢可能揭示了他所壓抑的慾望的真相。

或者是簡單地聯結，都感覺到畏懼的話，他也不會在身體層面跟另外一個人太過糾纏、太過親近。

還有一些人非常擔心自己在性當中所具有的施虐部分。這並不僅僅限於男性，女性在自己的性體驗當中一樣可以體驗到施虐部分。一個人在性當中體會到自己具有攻擊性，這一點可能與他長久以來對自己的認同不能夠和諧共存有關，所以他對性慾會有所拒絕。

社會一方面鼓勵性慾能夠達成，另一方面它的條件卻不怎麼具備，有方方面面的原因，經濟的、社會的、道德的、風俗的、法律的，使得一些人乾脆否認自己有性慾算了。

不置可否的權力慾

再來說說權力，很多人也不追求權力。從人生的視野來說，一些人真的是覺得權力的有無完全無損他們的完整和自在。另外一些人是懼怕權力的。他會擔心自己擁有權力之後，自身一些破壞性、支配性的部分可能就會顯現出來。所以每當他即將擁有權力的時候，都會感到恐懼。他可能非常懼怕升遷，因為升遷將會使他擁有權力。

在他沒有權力的時候做不了的事情，有權力之後，他就有可能做到。他可能對於這種可能性會有一種很深的憂慮。所以他也拒絕相信自己是想擁有權力的。這些人在職場當中可能是拒絕的，但在另外的場合未必如此。他在家庭當中，可能非常渴求獲得權力。

有些人自己做父母的，但他覺得自己不應該行使父母管教孩子的權力。這也是對權力的一種拒絕，他不知道做父母本身的確擁有這樣的權力，而且要把這樣的權力用好。

只想一個人

　　還有一些人會在根本的層面上拒絕聯結的慾望。他可能在自己的生活當中保存着非常底層的下線聯結。剩下的聯結對他而言，從小處説是麻煩，從大處説像是有毒的東西。他們不是真正的自閉症或者孤獨症患者，但是當他與人聯結的時候，會有很多恐懼的感受，比方説，一些人對於和別人對視是有一種恐懼的，他可能會有兩種動力。第一，只要與別人的目光聯結，他就好像被別人所影響，感覺到與對方的目光聯結對他而言具有侵入性，所以馬上要迴避開來。另外一個不敢與他人聯結的原因是害怕，他覺得自己內心充滿一些壞的、骯髒的、混亂的東西。他非常擔心，只要與別人聯結，這些東西就會被別人發現。

　　我在臨床當中，有時候會問這一類來訪者：「當你和別人目光聯結的時候，你是擔心自己某些東西從這種聯結裏出去，還是擔心一些東西從外邊進來？」這種聯結的恐懼裏頭，有兩種不一樣的動力的。他們會在生活當中盡可能不與人聯結。這個時候，他就保持一種自我內在相對平和的、不受影響的狀態。這樣一來，生活也就被局限在比較小的區域裏了。

　　你看，我們儘管存在着剛剛所説的這一系列慾望，但是由於一系列的挫折，我們也可能從慾望的世界裏撤回，表現得像是無慾無求一樣。人在這樣的狀態裏，有沒有達到自在呢？你不能説完全沒有。當他的生活處於外在比較穩定的情況下，可以達到一種自然的平衡狀態。

我們如果想成長，就需要同外在世界進行能量、物質、信息的交換。交換也就意味着我們跟其他人是有接觸的。當然我們講的與人接觸，並不是說你要使自己過分社會化，好像天天都在與人接觸。這些社交性的接觸，跟我剛剛所說的與人聯結並不是一回事。有時候，社交性的接觸恰恰是作為一種防禦——「你看我已經與人有這麼多的交往，我不是一個自閉或者內向的人。這樣一來，我就不必面對混亂且孤獨的心了」。

隱藏的慾念

但是，當他的生活發生比較大的變化，比方說角色變化、環境變化、人生階段變化的時候，由於他沒有與外界有很好的能量交換，他很難從一個平衡移到另外一個平衡那裏去。他的慾望沒有真正消失，而是在他的內心處於蟄伏的狀態。

但由於很長時間沒有去看自己的慾望，所以他完全沒有與之互動的經驗。當這些慾望在一個新的境況中突然冒頭的時候，這會引起當事人巨大的驚慌。

一個人突然發現自己有很強的攻擊慾望，或發現自己有非常強的性慾，可能是在原來的關係裏體驗不到的。這個時候，在驚慌之下，他就沒有辦法整合這些慾望。他的心就會撤回到一個更小的區域。這帶來的後果是，他對自己的慾望產生一種更深層次的壓抑乃至拒絕。如此一來，他的生命自由度愈降愈低，最後變成懸浮在這世界上的一枚繭一樣。

所以，我們談無慾的時候，一定要注意，可能對於大多數人而言，並沒有真正修煉到無慾無求的程度。這些人對自己的慾望很難看到真相，而且也沒有辦法學習着與之互動，把它們整合到自己的整體人格當中去。

26

「慾」火重生

本 節 重 點

1. 我們被慾望折磨，想從慾望中解脫。或許我們可以借着慾望的力量獲得自在。

2. 慾望不是我們的敵人。所有使我們苦的東西，也像無盡的寶藏。

3. 我們可以通過慾望了解、探索自己的潛意識，看見自己的人生。

4. 人內在有許多部分，各部分之間的不協調會引發衝突。

5. 我們有能力看見自己內心的「眾生世界」，去接觸、傾聽、認可我們內心「眾生」的疾苦。

6. 慾望的自由來去，會幫助我們的人格變得越來越豐富、越來越有動態性。

　　當我開始要講如何從慾望當中解脫、「慾」火重生的時候，我覺得很為難。因為這樣的一個目標，我自己還遠未達到。但是我始終相信，我們是可以從慾望中解脫的。

擁抱慾望

使我們不自在的東西，説到底就是慾望。如果父母不是對孩子有慾望，就不會生下我們；如果我們不是對生活有慾望，就不會走上人生的旅程；如果我們不是對這個世界有慾望，便不會「侵入」它、「使用」它，然後同我們的同類競爭。而且，我相信大家也都是帶着慾望來閱讀這本書。我也不知道，我所寫的這些東西有沒有使各位感到滿足，對各位有沒有用。

好像只要我們一有行動，就身處於慾望的洪流當中。我們被慾望所折磨，感到深深的痛苦。如果想從慾望當中解脱，我們必須學會像衝浪一樣，借着慾望抵達彼岸。

在這裏我想到了一位着名的波斯詩人魯米。他對於慾望是怎麼看的呢？他說：「我們應該迎着慾望而去，然後讓它像河水一樣漫過我們身體，在一波一波的慾望中間，讓其轉化為無形。」

慾望説到底，不是我們的敵人。如果我們沒有食慾，我們的生命鏈很早就已經斷裂；如果我們沒有性慾，生命鏈也會止步於我們；如果我們對權力沒有任何慾望，我們完全無法形成一個井然有序、有着強大生產力的人類社會；如果我們沒有分離與聯結的慾望，人就是各過各的，無法締結家庭，也無法形成各種深刻的關係。

所有使我們苦的東西，它們也像無盡的寶藏一樣。

從慾望中了解自我

曾經有位來訪者，他非常愛抽煙。但是，當時他的身體狀況使他不能夠很自然地抽煙，家人也不允許他抽。他內心充滿痛苦。就像我們對於食物的渴求一樣，他對於他所熟悉的煙草有着同樣的渴求。但是當這樣的渴求被全力禁止的時候，他變得更加執拗。當他走在街上的時候，即使小店裏有一個不起眼的香煙櫃檯，他都能夠注意得到。這就是慾望改變我們的認知，讓我們對渴望的東西提升注意的敏銳性。

所以當他努力地遏制抽煙的慾望時，相反他發現自己的生活當中充滿了煙，加劇了他內心的衝突，因為他感覺簡直要同一個驚天的大浪搏鬥。如此苦惱的時候，他來到我的諮詢室。

諮詢室一般是不讓人抽煙的，但是這天我突然建議他在這裏可以抽一支，但是要跟以往的抽法不一樣。這次不僅僅是要迅速使自己的身心恢復熟悉的平衡，還要好好地看看自己抽煙的過程。

接下來，我就等待着他。在每一個步驟之前，我都提醒着他觀察自己的內心。當他快要拿出煙的時候，他感覺到內心有巨大的空洞感。這個時候，在想象裏，彷彿煙霧能瞬間把它填滿，給予他溫暖，把他從孤獨、無助、被誤解的環境當中拯救出來。

當他開始把煙點着並開始抽的時候，他有一種熟悉感。這種熟悉感彷彿與自己的過去，生病之前的過去發生聯結。他感覺在儀式化的行為當中，自己又變回了那個年紀輕輕的小夥子，無憂無慮地享受着煙草。他發現在慾望裏又有一層與過去的關聯。

當開始抽的時候，他有比較高程度的覺知（在臨床諮詢當中被反覆訓練

的覺知），他感覺到由於已經長久不被允許抽煙，身體會本能地排斥煙的味道，哪怕只是一點點排斥。這個時候他就會留意到：原來我不抽煙後的身體已經達到了一個平衡，身體現在也想維護這樣的平衡。

接下來，他在一種非常正念的狀態下抽了這支煙。或者說是在一種相對不那麼急促的一支又一支的抽煙狀態過程中，他內心產生了一個又一個的慾望。比方說，他希望自己被填充，希望自己被聯結，希望身心保持着某種連續性和平衡性。

慾望中的掙扎

原來在慾望裏頭，居然有這麼多內容。我們之所以內心會有衝突，是由於我們內在並不是一個連成一片或者像一塊鐵板一樣的人格。我們的內心也像一個「眾生世界」一樣。在眾生當中，有些有着此種慾望，有些有着彼種慾望。

但有些時候我們無法面對這樣絮亂的內在境況，然後把我們整個人格交付給其中一個。這只是我們內在的一部分。當它佔據了主體的位置時，剩下的慾望就沒有機會表達了。所以，處在這樣狀態當中的人，他可能會覺得疑惑：「我明明在滿足慾望這方面沒有為自己設置任何障礙，為甚麼內心會感覺到空虛且有如此強的一種不滿足感呢？」

我們如果對自己懷着深切的關懷，一種基於悲憫、尊重，同時也有束縛的關懷，我們應該像剛剛所說的這位來訪者一樣，使自己的生活稍稍慢下來，但並不是一個靜止的狀態。

這樣，我們就可以與內在的「眾慾望」打個照面。我們像一個非常好的領導，傾聽內心「眾生」的疾苦。只有這樣，我們內在的每一部分才能被認

可。當它們被認可的時候，就沒有必要發生一場奪權的爭鬥，爭先恐後地進入行動的狀態。

我們內心也就像一個家一樣。我們要學會照料它，但是這種照料並非縱容，也並非禁止。而是我們要一個接一個地與我們內在的慾望接觸、認可、聯結，繼而把它整合到整體人格當中。這樣，我們的整體人格會變得越來越豐富、越來越有動態性。

在與我們的慾望溝通當中，內心不同的慾望間也就有了溝通的可能性。就像你是一家之主，你非常耐心地與你家裏的每個成員溝通，久而久之家裏的成員也會相互溝通的，最後家和則萬事興。

自在教室：
與慾望對話

1. 你可以回頭看一看自己的人生軌跡，看它在甚麼地方轉過怎樣的彎，它是否陡峭？然後你要思考一下，在這個彎當中，在人生的這個階段，哪些慾望是你的引擎呢？你甚至可以思考一下，怎樣的慾望驅使着你來看這本書呢？

歲數	最明顯的慾望	為了這個慾望我做過甚麼事情

2. 嘗試用正念的方式吃東西，充分感受、體驗吃的過程和味道。建議記下自己在吃的過程中，身體的反應和情緒的流動。

食物	身體的感覺、反應	心靈的體會、感受

3. 覺察自己想擁有的權力，哪些是導向自我實現，哪些是被塑造去實現別人的願望。

對生活中哪些事情我有權力慾、控制慾，想擁有話語權	我對此慾望的思考	這種權力慾是為自我實現還是實現別人的願望

4. 自己平時跟人互動的時候，是在哪一部分特別渴望對方？可能是渴望得到回應，可能是渴望有人能聆聽，可能是希望得到讚賞，可能是希望有人陪伴⋯⋯當自己渴望對方的時候，渴望對方是甚麼樣的態度？

人際互動的對象	人際互動中，我渴望甚麼	我希望對方是甚麼樣的態度

單元**五**

心理困擾與自在

　　我們的心情的確如天上的月亮，圓滿的時候，有圓滿的美；缺的
時候，月亮還是月亮。我們要體驗月亮的方方面面，也要體驗我們心
的方方面面。

27

從心理問題中學會自在：
覺得自己有心理問題怎辦？

本 節 重 點

1. 我們在心理問題中也能夠學會獲得自在。所謂的心理問題，只是因為跟大多數人不同。實際上，每個人的人生也不需要追求跟別人保持一致。

2. 心理問題解決之道是「病瑜伽」，其要點在於和自己的心病和諧、合一。

3. 把病看成是自己的一部分，更有利於我們從中認識自己，以獲得長遠的幫助。從這一點來看，愈早發現自己的病愈好。

4. 與病和諧相處並從中學習，也是一種歷煉，能幫助我們邁向自在。

　　這一節要談的是：遇到心理問題怎麼辦？當然我們的結論是：在心理問題當中學會自在、求得自在。按理來說，這一節最好是放在第一章，但如果沒有前邊的鋪墊，要理解接下來的內容是有一些難度的。

別羞於談個人心理問題

心理問題不是一件稀罕事，官方的數據都在。哪怕你不考慮官方數據，在自己朋友圈裏也經常會聽到。現在有關心理問題的病恥感已經降低很多了。我們發現，事實上被心理困擾所折磨的人很多。

那如何界定心理問題呢？其實有很多標準。一個比較強勢的標準就是統計學的標準：你跟大家都不一樣，你就是異常。哪怕大家也都挺異常的，但是他們異常的方向一致，所以他們就是正常。如果你跟他們不一樣，那就是你有病，而不是他們有病。這種說法也比較難反駁，要不然你說甚麼叫有問題，甚麼叫沒問題。

當然，我們與這樣的說法要保持適當的距離。很多時候，我們身上這些所謂的異常之處，要麼本身就是超常之處，要麼將會發展成超常之處。

一個人遭受了一些心理方面的困擾，這給了他一個鍛煉心智、增加心量的機會。當他從這樣的問題當中恢復過來、解脫出來的時候，他的收穫是甚麼呢？他的人生將擁有一種豐富性。一個人如果只是永遠待在正常人的行列裏，永遠在「常模加減一個標準差」裏，那其實人生也挺沒勁的。

> **常模加減一個標準差**：常模是統計學術語，可以簡單理解為正常的範圍；標準差是統計學術語，可以簡單理解為一個總體內部的差異程度。這句話的意思是說「在大家覺得基本正常的範圍內」。

我這麼說真不是為了安慰各位。我陪很多人走過這段里程，所以想說：哪怕你精神和心理外顯的、可以測量的部分都在常模裏頭，但是還有一個很重要的標準，那就是你的主觀體驗。

主觀體驗這個東西，如人飲水，冷暖自知。有時別人覺得你很正常，甚至還羨慕你，但是你主觀上有一種困擾、不舒服的感覺是千真萬確的。當一個人主觀上感到難受的時候，才會去尋求幫助。幫助有很多種，吃藥是幫助，燒烤、吃串燒也是幫助。我所提供的幫助主要是甚麼呢？

病瑜伽

我提供一種叫作「病瑜伽」的東西。聽起來有點神秘，大家知道瑜伽都是在風景很好的地方，有一個很好的姿勢，這跟生病有甚麼關係呢？每當我們有心理困擾的時候，就會對困擾這一部分有以下想法：「這不是我的，我不知道從哪兒來的，快點幫我把它趕走。」瑜伽的本義是相應、合一。所以我提供的這個藥方叫作你要與你的病合一。

你為甚麼會感到不舒服？那就是你把心理上的困擾視為異己的。通俗一點講就是你覺得它不是自己的。如果你在體驗層面上深刻地認識到它跟你是一體的，那你這些「一定要把它趕出去，欲除之而後快」的願望也就很自然地沒有了。

那麼「病瑜伽」是怎麼一回事呢？它有六句口訣。下文逐一解說。

口訣一：以我觀病我有病

第一句：以我觀病我有病。觀來觀去，是我真的有病啊。認識到我們的確有心理問題，很困難。儘管一些人已經被診斷或者問題很嚴重，但他仍然處於一種「但願我沒病」的心態。

談到「有」，我要攤開來說一說。「你有着病」和「病有着你」是兩種不同的狀態，前者是你大病小，後者是病大你小。我們經常會在「病有着我們」的時候感覺到痛苦不堪，想趕緊反制、逃離。反覆看我們的病，最後就能夠看成「我有病」的狀態。我們跟病的關係就是：我觀你，我有你。不要小看這樣一句話，通常完成這樣的轉化，需要的時間是以年為單位的。

知道自己有病之後，就沒那麼折騰，沒那麼容易怪罪別人，也沒有那麼着急了。

口訣二：以病觀我病有我

第二句：以病觀我病有我。你如果好好地看自己的心理困擾，你會發現心理困擾像有獨立的生命一般。它們在折磨着你。它們時隱時現、忽大忽小，它們也像一個個「我」一樣。這個時候，你就知道你得的病不簡單。這個病就很有意思，很有心理學的象徵意義。你如果要在每一個症狀裏頭都能看出有一個主體在，這所需要的時間單位也是以年計數的。很多人能夠完成前兩句，他已經很自在了。他無非就是生活在眾生中，也沒甚麼大不了的。你看不看得見，它們都在。

口訣三：我復觀病我是病

第三句就高深一點：我復觀病我是病。我看來看去，發現我的每一個部分裏其實都有症狀的因素，甚至連自我也是被家庭情結塑造的。病是被家庭情結塑造的，我當然也是，所以我復觀病我是病。

口訣四：病裏尋我病是我

然後，再站在病的角度來反觀我，便有了第四句：病裏尋我病是我。哪裏有病呢？這些其實都是你。

這個時候，你就意識到，你不是一個連貫的、統一的、你以前所認為的清楚明白的個體。你很複雜，內部亂糟糟的，是一系列「眾生」的一個集合，裏頭也沒有真正的主人，只不過你的病裏頭有一個比較強勢。生活境況換了之後，可能另外的一部分就強勢一點。好多人由於這種「交接」工作進行得比較風平浪靜，所以沒有意識到自己在不斷地變化。

口訣五：觀至病我不二時

接下來的第五句聽起來就很玄，叫作：觀至病我不二時。一會兒你以我觀病，一會兒你以病觀我，觀着觀着，這兩張圖就完全重合了。這個時候，沒有一個要治病的我，沒有一個要被治的病。因為已經沒有區別了。

口訣六：既無病來亦無我

接下來理解最後一句就不困難了，叫作「既無病來亦無我」。這時候已經不是小自在，而是大自在了。

因病認清情緒

一個人有心理方面的疾病或者問題，我內心，很不人道地，會有一些喜悅的，因為這個時候才可以轉化人生，以病為道，邁向自在之旅程，這種情況下，你才能夠真正地做生命的主人。

而且，病發得愈早愈有利。一些青春期的孩子被愁眉苦臉的父母帶到諮詢室來。我首先要做的事情是，恭喜這對父母，你們的孩子病發得比較早。

如果在父母的高壓政策下，孩子還能看起來一路正常地走下去，可能到了國外的名校，他內心脆弱的部分才暴露出來。那個時候孩子再抑鬱的話，所能獲得的資源相對就沒那麼好了。所以他的問題早發出來，那就早「維修」。這樣的話，他人生的一些隱患被提前給引爆了，這對於孩子終生而言都不是一件壞事，還可能有利於他找到比較滿意的事業與婚姻。由於他內在經歷了這個過程，他擁有了小自在，所以他不大容易再折騰。他對於外界逆境的一種抗逆力、復原力，會比沒有經過這一番鍛煉的孩子要好。

當然，父母一開始是半信半疑的，你要陪着他們走過一段路，他們才會知道你所言不虛。

認識心理問題：
ABCRS 模型

本節重點

1. 「ABCRS 模型」是一個便於理解心理的模型。

2. 心理諮詢的一個要點就是和諮詢師建立良好的關係，如此可以正向影響自己的情感、行為和認知。

3. 系統可以說是我們所處的大環境，對前面四個因素都有一定的影響。對於系統層面的問題，我們可以嘗試增加關係網來局部改變系統；也可以嘗試調整自己、找準自己的定位。

　　我在上一節中所提到的「病瑜伽」聽起來很高深，不太接地氣，所以我接下來要提供一點比較容易上手的東西，就是認識心理問題的一個模型。這個模型是大概十年前，我還在一家心理醫院工作的時候發展出來的，叫作「ABCRS 模型」。

圖像梳理

　　由於當時一下子接觸了很多個心理學流派的做法，所以會有一些衝突感。我會想，能不能把這些學派對於心理問題的認識整合起來。當時就做了一些嘗試，在自己不斷工作的基礎上又豐富了它。這一部分不光是針對專業工作者，對所有人都會有一個地圖式的作用。

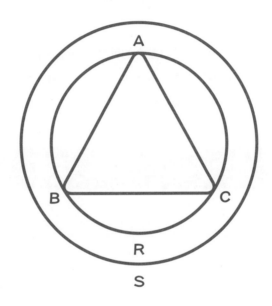

　　接下來給大家講一講。首先你們在一張紙上，如上圖般繪畫並在適當位置寫上不同的英文字母。

　　這個圖中，不同的英文字母，也代表不同的東西，A 指的就是情感（Affection）。它實在太重要了。我們前面已經在情緒專節中講過，很難找到一個完全不受情緒影響的人。所以情感在我們地圖上處於非常醒目的位置。一些人的問題主要表現在情緒方面的困擾，焦慮、抑鬱、恐懼，或者一些更複合的情緒，如羞恥感、悲傷感、孤獨感等。

　　B 就是行為（Behavior）。一些人情緒上沒有多大的問題，但他行為上

比較麻煩。比方說他有成癮行為，由於這個三角形是相互鎖定的，他可能正是為了不體驗情緒方面的困擾，才會用成癮行為來克服情緒的困擾。一些人就會有成癮行為，一些人會有攻擊性行為。在家裏，他時不時就要動手。這個動手有些是自我協調的：「我就是打你怎麼着？」一些是自我不協調的：「其實我是不想動手的，但是每次一遇到這樣的情境，我不知道怎麼着就動手了。」可見，行為這一項上可能會存在很多問題。

C 是認知（Cognition）。這裏整合的就是認知行為學派的觀點。認知，有比較局部的認知，比方說自動性的思維，比如一上台，馬上就頭腦一片空白。腦子裏有飄過「我不行、我不行⋯⋯」，像是咒語一般的自動思維。

自動思維都會收斂於四個核心信念：

1. 我是不好的；
2. 我是沒用的；
3. 我是有罪的；
4. 世界是危險的。

三個是形容「我」的，一個是形容世界的。

比如「我不行」，你是怎麼覺得「我不行」的呢？「我表現肯定不好。」「如果你表現不好，那就會怎樣？」「表現不好，下面就會哄堂大笑。」「如果別人哄堂大笑，那你會怎樣？」「我不行，我就是個沒用的人。」「你對於你是個沒用的人，相信程度有多少？」「跟你說，99%。」

這其實就是一系列的適應不良認知。現在你能不能理解我把它們放在一個三角形當中的用意？這是由於行為、認知和情感會互相影響，這個三角形

裏頭只要一動，剩下的就都動了。它們共同內接於一個叫作 R 的圓中。

R 是甚麼呢？就是關係（Relation）。我們剛剛所看的這些情感、行為和認知，都是被關係所塑造的。你會發現，即使一個人有攻擊性行為，也不是對所有人一視同仁地攻擊。即使他的自動思維是「我好糟」，他也不是在所有人的關係裏都覺得「我好糟」。

它們三者就像是被固定在關係的圓邊上。這個三角被關係這個圓所塑造，從正面的角度而言，它也可以被關係所改變、所調整，變得自在。如果他跟一個比較自在的人待在一起，就會形成一種你自在，那我也自在的關係。當他在關係當中有了充分的自在體驗時，那麼他在三角形的三個點──情感、行為、認知上的異常可能自然地就消失了。

改變內在系統

一個人尋找心理諮詢，他內隱地相信自己在情感、認知和行為上的不適，是可以在一個新型的關係裏被調整、矯正、接納的。一些來訪者會說：「你即使能改變我，你改變不了我的世界。我爸媽還是那樣。」那我就會回答：「我已經是你世界裏的一部分了。你的世界原來有這樣的關係，現在增加了一個新關係。一旦增加了這個關係，你這個三角形就得跟着動一動了。」所以這個關係，是我們心理發生變化的很重要的緣起。病是因關係而得的。怎麼治呢？那就是依關係來治。

最終，當他在跟我們的關係裏獲得自在之後，就學習到了：世界上不是所有的人都像我爸媽一樣，有人是不一樣的。而且跟一個不一樣的人互動時，我也可以不一樣。我的體驗不一樣，我的行為不一樣，我的認知也不一樣。這就是一個新的認知。接下來他對這個世界當中的其他人就會更有信心，很自然就到了外邊的系統層，S（System）了。即使是關係，也是裝到

系統這個大圈裏頭的。

這個系統包含的方面很廣，你的家庭、家族，你所接觸的宗族、文化，社會經濟情況、意識形態，全都在這個系統裏。這個系統對於你形成怎樣的關係，有一些預先的規劃。

有些人只是覺得自己有 ABCR 方面的問題，但他沒有意識到自己處於一個對他而言不利的系統當中。他沒有意識到這一點的時候，就會把所有過錯算在自己頭上。

我讀過一句這樣的話：當你譴責自己之前，首先要確保你身邊都不是傻子。因為你完全可能吸收系統當中的負面東西，然後把它算在自己的層面。有些時候，你本身並沒有甚麼問題，重點是你沒有找到一個合適的系統，或者沒有在系統當中找到一個合適的位置。如果你的位置錯了，你整個 ABCR 部分全都被擠壓乃至碾壓，就會發生畸變，甚至破裂。所以有時候，這個諮詢工作的靶點在系統而不在內環。

當你接受心理方面的幫助，或者你僅僅是看看這本書，你的系統就在發生變化，因為另外一個人，就像我，帶了我系統當中的一些視角、觀點、假設來了。哪怕你不接受，但是它對你的系統產生了擾動，這些就是可變的機會。

從系統中檢視自我

你也可以把 ABCRS 模型轉化為一張五爪圖，它有五個維度。當我們遇到一些心理問題時，可以自己做個記錄。就知道你的問題主要在哪些方面。

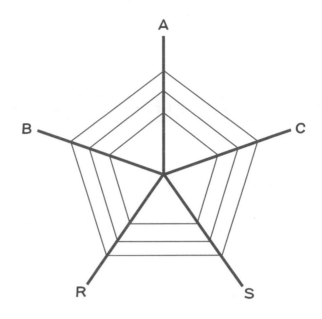

你的問題主要在情感方面，這個爪子就會伸得很長。如果你的問題主要在行為方面，那你行為這一部分就很長。有一個很重要的口訣叫「天之道，損有餘而補不足」。如果你的行為方面特別長，而認知和情感方面很短，套用剛剛的公式，接下來的方案是甚麼？

你需要對自己的行為做一些規範，以便把行為背後的認知和情感給憋出來。最終，你這五個部分就比較均衡。這就是一個正常的狀態，一個動態當中的正常狀態。

一旦完成了兩個圖的轉化，我相信在這個過程當中你已經有所領悟了：「為甚麼我關係這一部分會如此短呢？是不是我的關係局限在一個很窄的方面？我有沒有去建設一個對自己而言比較有利的關係網？我是否病理性地忠誠於某一種關係？」這樣一來，我們前面所講過的四轉向心，已經在暗中增長了。

29

解決心理問題的三種方法

1. 處理心理問題有三種途徑：與問題對抗、與問題對話、消融問題。

2. 與問題對抗致力於消除症狀，但當事人可能在潛意識裏仍舊保留着這個病。

3. 與問題對話致力於找到癥結所在，以及症狀要傳遞的關鍵信息。這樣有利於我們發現問題的真相，引導我們生活。

4. 消融問題致力於消除問題與正常的二元對立。我們不恐懼問題，也不貪戀某種所謂的幸福，這種對人生各種可能性保持歡迎的態度有利於我們獲得更透徹的療癒。

　　談完了認識心理問題的內容，我們有了一張把心理問題進行標記、定位的地圖。接下來應該怎麼解決呢？解決心理問題分成三種方法，或者說三個階段、三條途徑。第一條是與問題對抗；第二條是與問題對話；第三條是消解問題或者消融問題。

與問題對抗

　　甚麼叫作與問題對抗呢？並不是説我們要與它進行一場戰爭才叫對抗，此處的對抗就是為了使之不存在，你哪兒不舒服，如果這個不舒服消除了，你可以説這個問題得到了消解。這是一種基於症狀的、以消除症狀為目標的思路。

　　放到上一節的模型當中，這個人如果有一些負面的情感、抑鬱的體驗，那針對抑鬱的體驗，我們就能夠做很多方面的工作。比方説我們看看抑鬱背後的自動思維和核心信念，就是在情緒之外的認知那裏做工作；或者説我們要增強體育鍛煉的強度，並且增加社交活動，這就是在行為方面來做工作；或者是我們聚焦於這個負面情緒本身，使它充分地被體驗，對它做一些聚焦的工作，可能抑鬱能量在聚焦的過程當中就被代謝掉了，這個人就沒有那麼抑鬱了。他在一些抑鬱的量表上得分可能會降低，達到一個正常值。這就代表我們與這個問題對抗獲得了成功。

　　很多人只要到諮詢室裏來，或者到精神科醫生那裏去，他會盡可能地快點把症狀祛除，因為這個症狀是一個不受歡迎的異己物、一個生活的侵入者。所以，就像發燒了要退燒一樣，我們很自然地就想與之對抗。有些時候，我們對抗是有效的；有些時候，對抗效果並沒有那麼好，或者是一段時間比較好，過一段時間它又重新變回原來的樣子，或者它會從一個領域到另外一個領域轉化。如果我對某一種東西有特殊恐懼症的話，可能經過一番與問題對抗的處理，對這種東西的恐懼就會消失。但是過一段時間，又會出現對另外一種東西感到恐懼和迴避的症狀。

　　當與問題對抗，不能獲得全局性、永久性的勝利時，我們就要思考：我們對問題的界定是否簡單了點？這會不會是一個比較系統性的問題？有很多因素影響着我們與問題的對抗能否成功。比方説形成症狀之後，這個人是有

獲益的。說得簡單一點，他得病有得病的好處。如果他沒有心理問題，他身邊的人可能就繼續以很高的標準要求他，當他生了一個很有意思的病之後，周圍的人就會很自然地放鬆要求。如果是一個青春期的孩子，他可以以病為藉口不去上學。如果是一個成年人，他可能以病為理由不去工作。你把病給他消除了，他的權力就被削弱了。

請大家不要誤會，彷彿這個人又懶惰又奸詐，專門想作賤自己與他人對抗。其實不是的，他大多數的過程都是在無意識層面發生的。他壓根沒有策劃這件事情。

因此，一個症狀可能不僅僅是這個症狀本身，它有可能傳遞出這個人更深刻的一種困局、一種絕望、與人聯結的願望，或者是一種想做更真實的自己的願望。

在這種情況下，我們僅僅去與問題對抗，是不能夠獲得完全的成功的。我們可能還會損失這個症狀帶來的一系列深刻意義。所以，我們要進入第二個階段或者對待問題的第二種模式，我們要與問題對話。

與問題對話

即使把問題視為一個麻煩，它也有自己的生命。在你的生活裏，它有誕生的時刻，它在你的生命裏孕育，我們需要對你症狀的故事做一番細緻的研究，以弄清楚是怎麼回事。這樣一來，我們就不是急於解決這個心理問題，而是要與它對話。

我處理過很多中年危機的個案，他們一開始的訴求都很直接：快點幫我消除症狀，或者幫我消除我孩子或者我配偶的症狀，我要重新回到無比成功的生活裏去。在這個時候應該怎麼做呢？要不斷地刺激他的四轉向心，那就是從外界轉向自己、從未來轉向過去、從行動轉向好奇、從實體轉向緣起。當他的心能夠有較大程度的轉化時，他會對自己當前的障礙、困局有不一樣的看法。

他會隱隱地覺得出現這樣的問題，彷彿有着某種用意。他同自己的症狀、障礙對話得愈多，就會越來越覺得它真的不是一個簡單得像身體疾病一樣的疾病，它像是某個信使一樣，傳遞有關人生很重要的消息。

前半生的成功可能是在一種不斷地消耗生命能量以迎合他人的前提下才有的。在此基礎之上，形成了一個病理性的自我結構。但是現在，這個結構有點搖搖欲墜了，也產生一些抑鬱的體驗，提不起勁來。

從積極的角度來講，這是進入了一種能量節省的模式。如果你在能量節

省的模式下，非要強制性開機，有可能會損壞掉你的機器。它提示着你重新定向，為了能夠讓你重新定向，只好先打你一巴掌。所以，你愈看自己的病，就愈能看到自己生活其他方面的真相。這就是我們對待心理問題的第二種做法。

消融問題

第三種做法比較徹底，在根本層面上消融了問題。這怎麼說呢？這並不是說我們要像鴕鳥一樣，把腦袋埋在沙裏——「我沒病，我一切都很好。」不是這樣的。而是我們對待心理障礙的態度發生變化。我們不再把自己視為一個與問題對抗、對話的人，我們知道了生老病死是我們人生的有機整體。在這種情況下，我們沒有一種對心境特別平和、特別幸福這種狀態的貪念。

我們一旦貪着這種快樂、輕鬆的狀態，那不快樂、不輕鬆的狀態就會被我們視為是有病的，我們便自製了二元對立。

當我們內心各種各樣的情緒和慾望可以自由地來、自由地去的時候，我們也不再是一個問題的發現者、製造者、解決者。

　　我們現在受西方文化的影響很多，有些時候我們沒有留意到西方文化裏有一部分其實是先送來了病，然後才送來藥。這是由於它在正常心理狀態和異常心理狀態之間，製造了一個刻板的對立。

　　這樣的對立，我們本身並沒有特別在意。所以我們一開始就先感染了一種「對立病」，接下來就變成「我是一個有問題的人，我要對付這個問題，我要變回正常」。如果你內心的層面是這樣，心理障礙肯定會像打不死的小強一樣，你可能要跟它做一輩子鬥爭了。

30

自在四願

1. 願你體驗到你的存在,尊重自己,感受自己。

2. 願你體驗到你存在的方方面面,你的生命可以很豐富,不僅是別人認可的方面,你的人生有多彩多元的方面。

3. 願你體驗到更大的存在。這樣,病痛也只是生命長河及大千世界中的一小部分。

4. 願你體驗到與更大存在的關聯。這個世界上不僅僅是你在受着苦,這個世界上有人懂你的苦,苦你所苦,而且能在苦裏看到光明並想把光明分享給你。

　　有關自在的四個願望,也叫自在四願。

願你體驗到你的存在

> 我們的第一個願望是：願你體驗到你的存在。我希望大家在內心也默默念誦它，只不過把你改成我——願我體驗到我的存在。

　　我存在，難道真的是件天經地義的事情嗎？其實不是。如果我們不希望自己存在的話，那我們可能真的就不存在了。或者說我們的存在是被異化的存在，只是對於他人而言的存在，甚至只是相當於別人的某種功能而存在。你作為一件有用的器物存在，但是沒人關注你的存在。所以，當我們發願的時候，第一個願望是：我存在，不僅如此，我要體驗我的存在。

願你體驗到你存在的方方面面

> 我們第二個願望是：願你體驗到你存在的方方面面。當然，大家要把你置換成我——願我體驗到我存在的方方面面。

　　一些人並不是完全體驗不到自己的存在，但是他可能只能體驗到自己那些被社會所認可的、被家庭所認可的、被他人所肯定的存在。這一方面並不

是假的，如果你沒有這一部分，那無論如何也不會體驗到它。但是，如果只體驗別人所認可的，我們就沒有辦法體驗到我們存在的方方面面了。

談到方方面面的時候，我更多指的是我們不那麼自在的方面。一個人在人前非常成功、非常幹練，可能在人後有很多其他的方方面面，可能比較悲傷、孤獨、憤怒、混亂，甚至比較不堪。

可以和你共同見證你存在的這一方面的人實在太少了，甚至連自己也沒有認可「這些方面是存在的，這些方面是我的，我應該以平等的心看待我存在的這些方面」。

我們在臨床工作當中，很多時候在幹甚麼呢？我們工作的本質就是和來訪者不斷地體驗他存在的方方面面。他跟 A 這個人聯結的時候，他有與 A 相關的方面。當他與 B 聯結的時候，有與 B 相關的方面，依此類推。這些方面未必會經常出現，或者是被他所歡迎、所接納，但是有時候遇到一些心理障礙，就逼迫着我們必須面對自己內心存在的方方面面。

我有一位來訪者，他本人是醫生。但是在他的夢中，卻經常要殺人。當白天的時候，他肯定認可自己作為一個醫生的存在。但夜晚的時候，這種不斷循環的夢，提示着：你不僅僅是醫生，你還有這樣的一個方面。

來訪者對這一部分愈驚恐，愈想壓抑它，這一部分的能量就變得愈大，這樣的夢變得更加劇烈，甚至在白天也會闖入他的意識。我們作為諮詢師，對於人類在內心作為攻擊者、破壞者的存在，相對而言要熟悉一些。所以我們就有勇氣和他一起，一點一點地面對。當他能夠體驗到存在的方方面面時，他會感覺自己內在是豐富的。當他內在豐富的時候，他對這個世界就會有更多參與的興趣。他在這個世界中的自由度將變大。

願你體驗到更大的存在

談到世界，我們要談談第三個願望：願你體驗到更大的存在。

　　我們的心，往往只能容納它所習以為常的：我們看得見的、摸得着的叫存在，天天見的叫存在，不經常見的這些就不存在。所以當一種疾病、一種心靈的痛苦到來的時候，它就會不斷地向你證明它比你大。你同它對抗的時候，招數可能不斷地升級，但是也趕不上對方變強的程度。所以，只要人一生病，就知道自己不是這個世界的主人。這個病就比他大。

　　我們前面已經談到過，在病當中可以看到病也是眾生存在的形態。病彷彿有某種神聖性，聯結着通往我們內心不熟悉的方方面面。通過病，我們自然會知道，這個世界上還有很多更大的存在。我們就會生起一種敬畏心。

　　有一條短片是關於我們在宇宙當中的位置，從一個很小的區域出發，接下來是亞洲、地球、地月系、太陽系、銀河系，乃至於銀河系都變成背景上的一個點。當你知道存在之外另有存在的時候，那個被你看得天一般大的煩惱，在如此大的背景下，自然就變渺小了。

願你體驗到你與更大存在的關聯

　　儘管我寫到這裏的時候，還不知道各位是誰，你們在哪裏，你們通過甚麼樣的機緣了解到這樣的一本書，但是我感覺到我和你們彷彿一開始就已聯

我們在一起，發出第四個願望：願你體驗到你與更大存在的關聯。我們儘管在宇宙當中很小，連微塵都算不上，可是，我們同這些可見的、不可見的、局部的、整體的存在是聯結在一起的。

結了。我所有的來訪者和所有的老師，聯結成一個整體。那就是，這個世界上不僅僅是你在受着苦，這個世界上有人懂你的苦，在你的苦裏能夠看到光明，並且想把這樣的光明分享給你。

這樣一來，在黑暗當中，一盞又一盞的燈就逐漸亮了起來，我們就能夠見到越來越多的存在。當我們看到的時候，就與更大的存在聯結了。

這樣一來，我們作為主體，體驗到巨大的孤獨。而在這種孤獨的背景下，我們就體驗到與這個世界無比廣泛、深刻、細膩、豐富的關聯。我們的心就變大了。

當我們看着天上的月亮時，我們知道它照亮、啟發過無數的人。通過月亮，我們和無數的人想要圓滿、自在的願望就聯結起來。這樣的願望從小願變成大願，我們的心也就隨之廣大。可以說，我這本書的用意便在於此。

宋朝有位思想家叫張載，他的名句之一是「大其心，則能體天下之物」，當你的心能夠變大的時候，你的種種不自在，就不再是你的敵人，它們只是這宇宙的一部分，就像月亮一樣，有陰晴圓缺，有自己的規律。人其實就有悲歡離合。就像蘇軾所說的一樣，「人有悲歡離合，月有陰晴圓缺，此事古

難全」。原來，這種不隨我意的變化，本身就是這個世界的一部分。

我們的心情的確如天上的月亮，圓滿的時候，有圓滿的美；缺的時候，月亮還是月亮。我們要體驗月亮的方方面面，也要體驗我們心的方方面面。所以，在本書即將收筆之時，我希望和各位一起共享這四個願望，並使這些願望的種子在內心被我們好好地照料，以便它長成大樹，庇蔭我們。

希望大家都能夠獲得屬於自己的那份自在。

自在教室：
ABCRS 模型實踐

1. 在紙上畫出文中提到的 ABCRS 模型（以下圖為示例，你可以做更詳細的批註）。

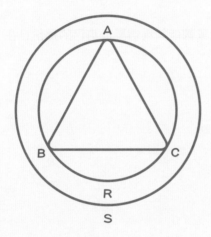

2. 當對這個模型有一個直觀的認識之後，記錄自己的心情檔案，看看自己的自在和不自在可以歸類到哪個因素中。

3. 統計各個部分的頻次（可畫正字統計）。

維度	A 情感	B 行為	C 認知	R 關係	S 系統
統計					

日期	遇到的或回憶到的事情、我的心情	歸類到哪個維度

後記

欣聞拙著《自在哲學——30 個情緒與慾望的心理啟示》即將與更大地域範圍讀者見面，感到有必要以寥寥數筆同各位交代創作本書的心跡。

本人從事心理諮詢與治療工作超過 12 個年頭，這 12 年間也經歷了從碩士生到博士生，後來到深圳成家立業的階段，中間有一年還在香港度過。這一系列觀音聽語的經歷，使我越來越覺得「自在」是生活應當追求的一種境界。

「自在」二字雖然是日常的漢語，但追根溯源的話確是天竺古詞。《法華經·序品》曰：「盡諸有結，心得自在。」只不過經歷了前年的浸潤，已經被我們掛在嘴邊。但筆者觀市面上的心理勵志類書籍，似乎過度重視了「自」而忽略了「在」，凡事都需要以自我為中心，自己說了算，自己很特別，自己很重要……最終可能是一個孤立的自我，從周遭的一切中脫離出來，但能解脫於形影不離的內在情緒或慾望嗎？難。

所以筆者使用「自在」二字，其實有兩重含義：自，就是精神分析學派的創始人弗洛伊德所謂的 das Ich，其實也就是英語中的 I，漢語中的自我；在，指的是存在主義哲學家海德格爾所言的 Dasein，漢語中有「此在」、「親在」、「緣在」三種譯法，指的是我們與他人、與世界的不可分割性，「共在」性。只有從根本上認可「自」與「在」的不可分割性，或許我們才能獨自一人時不至於失去世界，參與世界時又不至於失去自我，甚至達到「與萬物遊」的境界。

而情緒與慾望究竟是「自」還是「在」呢？都是。所以能夠體認內在

的情緒與慾望，是自在的第一步。佛教大德圓寂通常被稱為「得大自在」，此種境界並非我們凡夫人人可得。但若能於情慾之束縛間得到稍許的「小自在」，也不負此生了。

書寫後記的時候，正值 4 月 1 日與 2 日過渡的午夜，這兩個日子分別因為抑鬱症和自閉症而被人所留意。前者或是由於在適應這個世界，迎合他人之好惡上太過用力，導致「因在廢自」，最終可能導致自我的受傷乃至喪失；後者卻待在一個人的世界裏，與這世界和他人都幾無瓜葛。我們何嘗不是在這二者之間艱難地求取平衡？

人生是很複雜的，筆者不敢以專家身份自居，這本小書權當是旅行筆記，供各位正之。

張沛超

2021 年 4 月 1 日

於深圳河畔

自在哲學

30個情緒與慾望的心理啟示

張沛超 著

責任編輯：林嘉洋
裝幀設計：劉婉婷
插　　圖：李洛霖
排　　版：時　潔
印　　務：劉漢舉

出版
非凡出版
香港北角英皇道 499 號北角工業大廈 1 樓 B
電話：（852）2137 2338　傳真：（852）2713 8202
電子郵件：info@chunghwabook.com.hk
網址：http://www.chunghwabook.com.hk

發行
香港聯合書刊物流有限公司
香港新界荃灣德士古道 220-248 號
荃灣工業中心 16 樓
電話：（852）2150 2100　傳真：（852）2407 3062
電子郵件：info@suplogistics.com.hk

印刷
美雅印刷製本有限公司
香港觀塘榮業街六號海濱工業大廈四樓 A 室

版次
2021 年 6 月初版
©2021 非凡出版

規格
16 開（220mm×160mm）

ISBN：978-988-8758-80-7

本書原名《過好一個你説了不算的人生》，繁體字版由花城出版社授權出版。